1食200円
りんの 節約 ズボラ弁当

りんのおうちごはん

はじめに

こんにちは、りんです。この本を手に取っていただきありがとうございます。
「毎日のお弁当作りは面倒だけど、外食やコンビニだとお金がかかるし、健康面も
気になる…。」そんな方にぴったりなのが、1食200円台のズボラ弁当です！
本書では、5日分まとめて作り、冷凍保存することで時間もお金も節約できる、
超簡単なお弁当レシピを紹介しています。
初めはランチ代を節約したくてお弁当作りを始めましたが、
毎日作るのは面倒だと感じていたときに5日分まとめて作ることを思いつきました。
実際に作ってみると、1200円台で5日分も作ることができ、
冷凍しておけばレンチンするだけで手間もかからないことに気がつきました。
週末にまとめて作って冷凍しておけば、平日は毎日のランチがラクに楽しめます。
前作のレシピ本『1週間2000円　りんの節約おうちごはん』も好評いただき、
たくさんの嬉しいお声をいただきました。その応援が励みになり、
今回も節約しながら手軽に栄養満点なお弁当が楽しめる内容に仕上げました。
本書のレシピは、レンジだけでできるもの、材料3つでできるもの、
10分でできるものなど、簡単においしく作れるものばかり。YouTubeで紹介を
していない新しいレシピもたくさん詰め込んで、52レシピを公開しています！
毎日のランチがラクになり、節約できて栄養もとれるのでぜひ試して欲しいです。
これからの毎日が少しでもラクに、
そして楽しくなるお手伝いができたら嬉しいです。

りんのおうちごはん

CONTENTS

- 2 　　はじめに
- 7 　　この本の使い方

- 8 　　**1食200円！　冷凍弁当の秘密を大公開！**

- 15 　　column1　**冷凍弁当Q&A**

1食200円　冷凍弁当52連発！

鶏むね肉冷凍弁当

- 18 　①親子丼弁当
- 22 　②鶏の照り焼き弁当
- 24 　③ねぎ塩チキン弁当
- 26 　④焼き鳥丼弁当
- 28 　⑤鶏肉の粉チーズ焼き弁当
- 30 　⑥タンドリーチキン弁当
- 32 　⑦のり巻き揚げ&卵焼き&いんげんのごま和え弁当
- 34 　⑧ヤンニョムチキン&ナムル弁当
- 36 　⑨バターチキンカレー弁当
- 38 　⑩鶏だしから揚げ&彩り野菜弁当

豚こま切れ肉冷凍弁当

- 40 　①ダブルしょうが焼き&にら卵焼き弁当
- 44 　②豚キムチーズ弁当
- 46 　③高菜3色弁当
- 48 　④台湾風混ぜごはん弁当
- 50 　⑤きのこポークストロガノフ&トマトピラフ弁当
- 52 　⑥ペッパーランチ風弁当
- 54 　⑦豚キャベ&おかかごはん弁当

ひき肉冷凍弁当

- 56 ①オムライス弁当
- 60 ②キーマカレー弁当
- 62 ③ひき肉と厚揚げのあんかけ弁当
- 64 ④3色そぼろ丼弁当
- 66 ⑤ハンバーグ弁当
- 68 ⑥ひき肉と大豆のトマト煮弁当
- 70 ⑦ビビンバ弁当
- 72 ⑧豆腐入りつくね＆ほうれん草ごま和え＆卵焼き弁当
- 74 ⑨ガパオ風弁当
- 76 ⑩きのこ鶏そぼろあん＆のり卵焼き弁当

魚冷凍弁当

- 78 ①のり弁当
- 82 ②塩さばのごまダレ＆卵焼き弁当
- 84 ③えびチリ弁当
- 86 ④鮭のパン粉マヨネーズ焼き＆きのこマリネ弁当
- 88 ⑤さばのパエリア風弁当
- 90 ⑥ガーリックシュリンプ弁当

おにぎり弁当

- 92 column2 気分に合わせて楽しむ！ おにぎり弁当
- 93 ①ガッツリ弁当
- 94 ②軽めの日弁当
- 95 ③たんぱく質多め弁当
- 96 ④彩り野菜弁当
- 97 ⑤韓国気分弁当

おにぎりアラカルト

- 98 鮭＆枝豆おにぎり／焼きおにぎり
  紅しょうが＆刻みねぎ＆黒ごまおにぎり
- 99 ツナマヨ＆粗びき黒こしょうおにぎり／にんじんナムルおにぎり
- 100 やみつきおにぎり／チキンライスおにぎり
- 101 韓国のりおにぎり／バターコーンおにぎり／鮭＆卵おにぎり

おかずアラカルト

- 102 チキン南蛮／豚団子の甘酢あん／豚肉だけ巻き
- 103 だし巻き卵焼き／のり卵焼き／ねぎ卵焼き／かにかま卵焼き
- 104 かぼちゃの鶏そぼろあん／麻婆なす／れんこんとひじきの和風サラダ
- 105 ちくわとピーマンのきんぴら／にんじんしりしり炒め

めん冷凍弁当

- 106 ①きのこ豆乳クリームパスタ弁当
- 110 ②ナポリタン弁当
- 112 ③ペンネのミートボール弁当
- 114 ④カルボナーラ弁当
- 116 ⑤ミートソースグラタン弁当
- 118 ⑥焼きそば弁当
- 120 ⑦担々めん風弁当
- 122 ⑧焼きうどん弁当
- 124 ⑨ドライカレーうどん弁当

パン弁当

- 126 column3 **手軽におしゃれなランチタイムを楽しむ！　パン弁当**
- 127 ①ピクニック気分弁当
- 128 ②ガッツリ弁当
- 129 ③野菜たっぷり弁当
- 130 ④卵気分弁当
- 131 ⑤デザート弁当

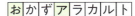

パンアラカルト

132 ダブルハム&チーズサンドイッチ／
かぼちゃサラダサンドイッチ／チキンマスタードサンドイッチ

133 卵サンドイッチ／コロッケサンドイッチ／
ツナ&キャロットラペサンドイッチ

134 マフィンスクランブルエッグサンドイッチ／
さつまいも&あんこサンドイッチ

135 ベーコン卵トースト／フレンチトースト

おかずアラカルト

136 チキンナゲット／ジャーマンポテト
137 ちくわのピカタ／ほうれん草とコーンのバター炒め／キッシュ風オムレツ

138 おわりに
140 さくいん

この本の使い方

- 材料は5回分を基本としています。
- 食材の値段は安いスーパーや100均などで仕入れた目安値になります。
- 買い物リストは調味料などの常備食材を除いた食材リストになります。
- 買い物リストに記載している食材は、基本、レシピで使いきれる分量の値段ですが、冷凍野菜や乾麺、バターなど、保存がきく食材は、単価表記になります。レシピで使用する分量は材料欄をご参照ください。
- 計量単位は大さじ1＝15㎖、小さじ1＝5㎖です。
- 「少々」は小さじ1/6未満を、「適量」はほどよい量を入れることを示します。
- 野菜類は特に記載のない場合、皮をむくなどの下処理を済ませてからの手順を説明しています。
- 火加減は特に記載のない場合、中火で調理してください。
- 電子レンジは600Wを基本としています。500Wの場合は加熱時間を1.2倍にしてください。機種によって加熱時間に差があることがあるので、様子を見ながら加減してください。
- 冷蔵保存をした場合、電子レンジの温め機能で加熱してください。

1食200円！
冷凍弁当の秘密を大公開！

りんさんが普段どのように冷凍弁当を作っているのかをご紹介。
冷凍弁当の作り方の流れや調理道具やアイテム、
冷凍や解凍のコツなど、ポイントが盛りだくさんです。

まずはごはんを炊く

冷凍弁当作りの第一歩はごはんを炊くこと。私はいつも買い物をする前に、3合分の米を炊飯器に入れてセットをしています。買い物から帰ってきたころには、ごはんが炊き上がっている状態なので、炊飯器の保温機能を切り、内釜を取り出してごはんを冷ましておきましょう。こうすることで、そのあとの調理がスムーズに進み、時短にもなります。冷ましたごはんは、お弁当を盛りつける際にすぐ使えるので、効率よく冷凍弁当作りが進みます。ぜひ試してみてください！

主食のバリエーションも冷凍弁当の魅力！

冷凍弁当はごはんだけでなく、パスタやうどん、焼きそばめんを主食にするとバリエーション豊富で飽きがこない工夫ができます。例えばパスタは、大容量パックを常備しておけば超節約！　ゆでたら5日分に分けて保存容器に入れ、好みのソースをかけて冷凍すれば、レンジ加熱後に混ぜるだけの簡単弁当に。うどんは、焼きうどんにしたり、ゆでたうどんにオリーブ油をからめて保存容器に入れ、カレーソースやめんつゆをかけて冷凍すれば、レンジ加熱後に混ぜ合わせて食べるだけ。焼きそばめんは、焼きそばにするのはもちろん、担々めん風にしたりとアレンジができるので重宝しています。主食も自由に選んで、自分だけの冷凍弁当ライフを楽しんでください！

2 買い物に行く

目安は1200円台

5日分の冷凍弁当は少ない材料で作れるので、約1000円に抑えられることがほとんどですが、たまに肉の量を少し増やしたり、少し贅沢をして、えびやパプリカを買うこともあります。その場合でも、1200円台を目安に買い物するようにしています。それでも、1食あたりは約200円と超お得！ 特に野菜は調理するとかさが減るので、「これで足りるかな？」と思うくらいでも十分です。逆に、多く買いすぎると余らせてしまうこともあるので、ちょうどいい量を意識するとムダがありません。節約しつつ、必要なものをしっかり揃えれば、冷凍弁当作りがさらに楽しくなります！

冷凍野菜は安くて手間を省けるので冷凍庫にストックするのがおすすめ！

冷凍野菜でおすすめなのが、ブロッコリーとパプリカです。ブロッコリーは冷凍を常備して凍ったままお弁当に添えるだけで、見た目も鮮やかになります。パプリカは本書では生のものを購入していますが、業務スーパーの冷凍パプリカは、緑、赤、黄のパプリカが入っていて彩りもよく、カット済みでコスパも抜群！ 使うときは凍ったままお弁当に添えるだけでOK！ 冷凍野菜は調理の手間を省く上に彩りをプラスできるので、常備して毎日のお弁当作りをもっと手軽にしましょう！

3 5食分作る！

冷凍弁当の最大の魅力は保存がきくことです。平日の5日分を土日にまとめて作っておくことで、平日の負担がぐっと減ります。普段、5食分を一気に作ることはあまりないので、盛りつけの時間はちょっとしたイベント感覚に。また、冷凍庫に5食分のお弁当が並ぶ瞬間は達成感と安心感があり、さらにがんばろうとモチベーションにもつながります。そして、がんばった自分を褒めたくなるほど自己肯定感も上がります！　忙しい平日に向けて、土日に時間と手間をかけて冷凍弁当を作っておくことで、5日間をスムーズに乗りきることができます。

調理道具やお弁当アイテムをご紹介

冷凍弁当を作るときはこれがあれば大丈夫！
調理するのに必要な調理道具や冷凍するときに使うアイテムをご紹介。
最低限のアイテムを用意して簡単においしく作りましょう。

フライパン

大きめのフライパン（26cmサイズ）は5日分のおかずを一気にまとめて作れるのでおすすめです。また、フッ素樹脂加工がされているものだと、炒め物や煮物もくっつかずに作ることができます。1つよいフライパンを持っていると、冷凍弁当作りがぐっと快適になります。

ラップ・クッキングシート

保存容器にラップを敷いておけば、洗い物が格段にラクになるだけでなく、保存容器への色移り防止にも役立ちます（詳しい使い方や便利なポイントはP13参照）。また、茶色のクッキングシートを使うことでお弁当が一気におしゃれになるのでおすすめです！

冷凍用保存容器

保存容器は100均の610mlサイズを使用しています。お弁当を作るとなると、お弁当箱を用意しなくてはいけないと思いがちですが、便利で手軽な保存容器で十分です。重ねて収納できるものを選べば、5個揃えても場所を取りません。私は予備で10個以上持っています（笑）。

小分けカップ

おかずだけを小分けカップに入れてたくさん冷凍しておけば、冷凍おにぎりやパンと組み合わせて、手軽にアレンジできます（P92-105、P126-137参照）。100均でも手軽に揃えられるので、カラフルなカップを選べば、お弁当が華やかになり、気分も上がります。

冷凍のコツ

お弁当は冷凍のポイントを押さえておけば初心者でも安心！
冷凍するときの基本はもちろん、少し工夫するだけで
5食分おいしく食べることができますよ。

おいしく冷凍するための
ポイントを押さえよう

冷凍庫に5日分のお弁当が並ぶと、達成感があって毎日作らなくてもよいという安心感が得られます。おいしく冷凍するためのポイントを押さえれば、時間がない日や疲れている日でも、すぐにおいしいお弁当が楽しめます。冷凍する上で大切なポイントは、食材の状態や温度を意識して、冷凍庫に入れる前にしっかりと粗熱を取ること。また、密閉保存容器に入れてしっかり密封することで、冷凍庫内の臭いや湿気を防ぎ、食材の風味や食感を長期間保つことができます。上手に冷凍するポイントを押さえて、手軽で健康的なお弁当ライフを楽しみましょう。

粗熱を取る

冷凍前は、ごはんやおかずの粗熱をしっかり取りましょう。熱いままだと、冷凍庫内の温度が上がり、ほかの食材にも影響を与えたり、霜がつきやすくなって解凍後の味や食感が落ちる原因に。粗熱を素早く取るには、広い皿やバットに広げたり、扇風機を使うと時短になります。

中央をへこませる

電子レンジで解凍するときは、中心が温まりにくいので、お弁当を詰める際に中央部分を少しへこませることがポイントです！ 中央部分の量を減らすことで、熱が全体に均一に伝わりやすくなるので、加熱ムラなく温められて仕上がりの満足度がさらにアップします。

汁けの多いお弁当は

ごはんにおかずの汁けがしみ込むのが気になる方は、保存容器にごはんを盛ったあと、その上にラップを敷いてからおかずを詰めるのがおすすめです。ごはんとおかずを分離させることで、食べるときに汁がしみ込んでごはんがベチャッとならないのでおいしさをキープできます。

色がつきやすいお弁当は

カレーやトマトベースのソースが使われたおかずを詰めるときは、色移りや油汚れが気になりますよね。そんなときは、保存容器の底にラップを敷いてから詰めれば、色移りを防ぐだけでなく、洗い物もラクに。あと片付けもスムーズになり、保存容器も長持ちします。

5 ちなみに食べるときは…

保冷バッグに入れて職場へ！

冷凍弁当を職場に持っていく際は、保冷バッグに入れて持参するのがベスト。私は3COINSのものを使っています。特に夏場や暑い日には、保冷剤を一緒に入れておけば、冷凍状態を保ってお昼まで持ち運ぶことができ、食べるときにレンチンして、おいしくいただけます。また、5日分に分けても量が多く、保存容器の蓋が閉まらないときは、密閉するためにゴムバンドでしっかり閉めるのがおすすめ。100均や3COINSでも手軽に購入できるゴムバンドは、保存容器もかわいくなるので気分も上がります！

100均などにもかわいいグッズが売ってるよ！

memo

冷凍弁当は、夜ごはんに食べてももちろんOK！

お昼にお弁当として食べるのはもちろんですが、冷凍庫にストックしておけば、疲れて帰ってきて何もしたくないときにも大変便利です。電子レンジで解凍するだけで、おいしい夜ごはんが簡単に完成するので、時間がないときや料理をする気力がない日にも助かります。実は、私はお昼に冷凍弁当を食べた日でも、冷凍庫にストックがあると、つい夜ごはんも冷凍弁当にしてしまうことがよくあります（笑）。そのくらいストックしておくととても便利で、忙しい日々にぴったりなので、ぜひライフスタイルに合わせて上手に活用し、楽しんでください！

職場のレンジでチンして完成！

600Wで6〜7分加熱！

冷凍弁当は電子レンジで解凍して食べてください。カチカチに凍っていても大丈夫。600Wの電子レンジでごはん弁当は基本6分30秒〜7分、めん弁当は基本6分加熱します。しっかり解凍されて元通りおいしく食べられますよ。

電子レンジの機種によって温まり方にムラが出る場合があります。もし、記載の分数で加熱が足りなかった場合は、30秒ずつ追加して加熱してください。追加加熱する際は、加熱のし過ぎに注意して様子を見ながら行いましょう。

---

column1 冷凍弁当Q&A

冷凍弁当を作る上で心配に思っていることや疑問、お悩みをりんさんが解決！
実際にりんさんが聞かれたお悩みも掲載しているので、P16までご参照ください。

Q 冷凍弁当は自然解凍でもおいしく食べられる？

A 冷凍弁当は自然解凍は避けた方がいいです！ 冷凍した状態で持ち運ぶと保冷剤がわりになるとたまに聞きますが、自然解凍している過程で菌が繁殖してしまう危険性があります。また、自然解凍するとごはんもボロボロとしてしまい、あまりおいしくありません。冷凍弁当を食べるときは必ずレンチンしてから食べるようにしてください。しっかり加熱して安全においしく食べましょう。

Q 職場に電子レンジがないときはどうするのがベスト？

A 職場に電子レンジがない場合は、朝、家でレンチンしてから持っていくのがベストです。ただし、レンチンしたら必ず蓋を開けた状態で冷ましましょう。しっかり冷まさないと、菌が繁殖して食中毒を起こす危険性があります。家を出る20分前にはレンチンして冷ます時間を十分に取るのがおすすめ！ 可能であればレンチン後の温かい状態でごはんを少しほぐしておくと、ごはんが冷めてもかたくなりにくいです！

冷凍弁当Q&A

Q 毎日同じものを食べて飽きないの?

A 私は飽きません!笑 飽きるよりも面倒くささが勝ってしまうタイプなので、自己満足やラクさを優先しています。飽きてしまう方は、朝食や夜ごはんでバリエーションを増やすのもいいと思います。また、10日間くらい保存できるので、5日間連続で食べずに、ストックとして作っておくとラクをしたいときに便利です。2種類のお弁当を作って、1日ごとに交互に食べるのもおすすめです!

Q 5日分まとめて作るのって量の調節が難しくない?

A 正直、最初は難しかったです! ボリュームが多く、蓋がギリギリ閉まらない状態で、ゴムバンドを使って無理やり閉めていたこともありました笑。でも、本書では、購入品を全て使いきる量で5日分を考えているので、真似しやすいと思います。慣れてくるとちょうどいい量が分かってくるので、最初は少し多めに作っておき、余ったら翌日食べる、という方法もアリだと思います!

Q 冷凍したら味落ちないの?

A 冷凍だから味が落ちると心配されがちですが、冷凍するときの工夫次第でおいしさをしっかりキープできます! ポイントは、しっかり冷ましてから密閉し、冷凍することです。しっかり冷まさないと料理が傷む原因にもなりますし、密閉することで冷凍焼けを防いでおいしさをキープできます。冷凍するときのコツやポイントはP12～13をぜひ参考にしてみてください!

Q めっちゃ食べるので、量が足りないです…。

A 5日分を3日分に分けて作り、大きめの保存容器に詰めれば、1回に食べる量が増えて満足感もアップします。また、お弁当を2つ持っていくのもアリかもしれません笑。または、本書のお弁当に市販のサラダやフルーツ、スープなどをサイドメニューとしてプラスするのもおすすめです。栄養のバランスもよく、満足感が増しますし、コンビニなどで全て買うよりも断然安くて健康的です!

Q 冷凍弁当はどれくらい保存できますか?

A 冷凍弁当は約1週間から10日間保存できます。家庭用の冷凍庫の場合、-18℃を目安にすると品質を保ちやすく、長期間保存できるので、冷凍庫のドアは頻繁に開け閉めしないように注意しています。また、一度解凍したものを再冷凍すると品質が落ちてしまうので、解凍後はなるべく早く食べることが大切です。保存期間を守り、なるべく早めに食べることで、おいしさをキープできます。

Q 保存容器のお弁当を職場の人に見られるのが恥ずかしいです…。

A その気持ち分かります! でも、私は「これが1番ラクでおいしい!」と思う気持ちを大切にしています。意外と周りは気にしていないことが多いので、自分のペースで楽しむことが大事です。節約にもなって、健康にもいいですし、未来の自分のために自信を持ちましょう! もしくは、食べる場所を変えたり、私の本の話をネタにして、みんなと会話してもいいかもしれません笑。

１食200円
冷凍弁当52連発！

５日間約1000円！ １食200円台で作ることができる冷凍弁当。
鶏むね肉、豚こま切れ肉、ひき肉、魚、めんに分けてご紹介します！
おにぎりやサンドイッチ、おかずの詰め合わせ例も合わせて参考にしてください。

行ってみよー！

鶏むね肉冷凍弁当①
親子丼弁当

炒り卵に甘辛い鶏肉をのせて上からタレをたっぷりかければ
ごはんと合わせて一緒にかき込みたくなる一品です。
レンチンした小松菜を添えて彩りをプラスするのもポイント。

| 冷蔵 2日 | 冷凍 10日 |

平日5日分のお弁当作りスタート！！

ごはんを炊く　　買い物に行こう！

買い物リスト

鶏むね肉…2枚	¥333
小松菜…1袋	¥171
卵…6個	¥218

¥722（税込）

材料（5回分）

米…3合
鶏むね肉…2枚
小松菜…1袋
塩…少々
Ⓐ［砂糖・しょうゆ・めんつゆ　…各大さじ2］
水…100mℓ
水溶き片栗粉…
　水大さじ2＋片栗粉大さじ1
卵…6個
Ⓑ［水…大さじ4
　砂糖・白だし…各大さじ2］
サラダ油…大さじ1

調理スタート！！

① 材料を切る

鶏肉は小さめのそぎ切りにする。小松菜は根元を切り落として3cm幅に切る。耐熱ボウルに入れてふんわりとラップをし、電子レンジで2分加熱する。水にさらして水けをきり、塩をふる。

② 鶏肉を炒める

フライパンにサラダ油を熱し、鶏肉を入れる。両面焼き色がついたらⒶを加えて蓋をし、鶏肉に味がしみ込むように5〜6分煮る。水を加え、煮立ったら水溶き片栗粉を加えてとろみをつける。

×5個

盛りつける

冷凍する

ごはんを保存容器に5個に分けて盛る。小松菜を添えて③を全体にのせ、その上に②をのせる。

食べるときは…

凍ったままのお弁当箱に保冷剤をつけて持って行く。電子レンジで7分加熱する。

※加熱が足りない場合は30秒ずつ追加して加熱してください。

③ 炒り卵を作る

耐熱ボウルに卵を割り入れ、**B**を加えてよく混ぜる。ラップをせずに電子レンジで2分加熱する。泡立て器で全体をよくかき混ぜ、さらに2分加熱してかき混ぜる。さらに1分加熱し、かき混ぜて半熟状になったら余熱で火を通し、粗熱が取れたらかき混ぜる。

鶏むね肉冷凍弁当②

鶏の照り焼き弁当

鶏肉は蓋をして焼くことでしっとりやわらかく。
煮汁も余すことなく使って絶品のタレに仕上げます。

冷蔵 2日　冷凍 10日

薄切りにした鶏肉は
きれいに並べて
見た目も豪華に！

平日5日分のお弁当作りスタート！！

ごはんを炊く

買い物に行こう！

買い物リスト

鶏むね肉…2枚　￥333
冷凍むき枝豆…1袋　￥212

￥545 (税込)

材料（5回分）

米…3合
鶏むね肉…2枚
A［めんつゆ…大さじ2
　 砂糖・しょうゆ・みりん…各大さじ1
　 すりおろししょうが…小さじ1］
水…100mℓ
水溶き片栗粉…水大さじ2＋片栗粉大さじ1
冷凍むき枝豆※…100g
サラダ油…大さじ1

※枝豆は要加熱のものは袋の表記通りに加熱してください。

調理スタート！！

作り方

① 鶏肉はフォークで全体を刺して無数の穴を開ける。

② フライパンにサラダ油を熱し、鶏肉を入れて蓋をし、時々ひっくり返しながら7〜8分焼く。Aを加えて弱火にし、鶏肉を上下に返して煮汁を絡める。煮汁は残したまま鶏肉を一度取り出し、粗熱が取れたら薄切りにする。

③ ②の煮汁に水を加え、煮立ったら水溶き片栗粉を加えてとろみをつける。

盛りつける ×5個

ごはんを保存容器に5個に分けて盛り、②をのせる。その上に③をかけて冷凍むき枝豆を散らす。

冷凍する

食べるときは…

凍ったままのお弁当箱に保冷剤をつけて持って行く。電子レンジで7分加熱する。

※加熱が足りない場合は30秒ずつ追加して加熱してください。

冷凍むき枝豆はさやから出してあるものなので使いやすく、彩りもきれいでおすすめです！

[鶏むね肉冷凍弁当③]

ねぎ塩チキン弁当

ごま油の風味が豊かな鶏肉は焼き色がつくまで焼いて香ばしく。
水分を閉じ込めてふっくらとジューシーに仕上げます。

| 冷蔵 2日 | 冷凍 10日 |

材料2つで超節約！
鶏がら香る鶏肉と小ねぎを
一緒にどうぞ

平日5日分のお弁当作りスタート！！

ごはんを炊く

買い物に行こう！

買い物リスト

鶏むね肉…2枚	¥333
小ねぎパック…1パック	¥98

¥431（税込）

材料（5回分）

- 米…3合
- 鶏むね肉…2枚
- Ⓐ 酒・片栗粉…各大さじ2
  すりおろししょうが…小さじ2
- Ⓑ 水…100mℓ
  鶏がらスープの素…小さじ2
- 小ねぎパック…1パック
- 粗びき黒こしょう…適量
- ごま油…大さじ1

調理スタート！！

作り方

① 鶏肉はそぎ切りにし、Ⓐをまぶして揉み込む。

② フライパンにごま油を熱し、①を入れてこんがり焼き色がつくまで炒める。

③ Ⓑを加え、蓋をして3～4分煮る。

盛りつける ×5個

ごはんを保存容器に5個に分けて盛り、③をのせる。小ねぎを散らし、粗びき黒こしょうをふる。

冷凍する

食べるときは…

凍ったままのお弁当箱に保冷剤をつけて持って行く。電子レンジで6分30秒加熱する。

※加熱が足りない場合は30秒ずつ追加して加熱してください。

おかずアラカルト
（P102-105／P136-137参照）を
一緒に持っていくのもおすすめ！

鶏むね肉冷凍弁当④

焼き鳥丼弁当

甘辛いタレをよく絡めた焼き鳥がおいしいお弁当です。
焼き鳥をごはんの上にのせて、タレのしみ込んだごはんも美味。

冷蔵 2日　冷凍 10日

> こんがり焼いた焼き鳥が
> やみつきになること
> 間違いなしの一品！

平日5日分のお弁当作りスタート！！

ごはんを炊く

買い物に行こう！

買い物リスト

鶏むね肉…2枚	¥333
しし唐辛子…1パック	¥214
長ねぎ…3本	¥108×3

¥871（税込）

材料（5回分）

米…3合
鶏むね肉…2枚
長ねぎ…3本
しし唐辛子…1パック
塩…少々
Ⓐ［砂糖・しょうゆ・みりん…各大さじ2
サラダ油…大さじ1＋大さじ1

調理スタート！！

作り方

① 鶏肉はそぎ切りにする。長ねぎは3cm幅に切る。

② フライパンにサラダ油大さじ1を熱し、長ねぎ、しし唐辛子を入れて塩をふり、焼き色がつくまで炒めて一度取り出す。

③ ②のフライパンにサラダ油大さじ1を熱し、鶏肉を入れて両面こんがりと焼く。Ⓐを加え、蓋をして4～5分煮る。

盛りつける ×5個

ごはんを保存容器に5個に分けて盛り、②、③をのせて残った煮汁を、焼き鳥にかける。

冷凍する

食べるときは…

凍ったままのお弁当箱に保冷剤をつけて持って行く。電子レンジで6分30秒加熱する。

※加熱が足りない場合は30秒ずつ追加して加熱してください。

ビールと合わせて夜ごはんにするのもおすすめです！

鶏むね肉冷凍弁当⑤

鶏肉の粉チーズ焼き弁当

粉チーズと合わせたパン粉をふりかけてコクうまに。
ミニトマトの赤色とブロッコリーの緑色も映える一品です。

冷蔵 **2**日　冷凍 **10**日

オーブントースターで
焼くだけで簡単！
香ばしいパン粉チーズが美味

平日5日分のお弁当作りスタート!!

ごはんを炊く

買い物に行こう!

買い物リスト

鶏むね肉 … 2枚　　　￥333
ミニトマト … 1パック　￥322
冷凍ブロッコリー … 1袋 ￥181

￥836（税込）

調理スタート!!

材料（5回分）

米 … 3合
鶏むね肉 … 2枚
Ⓐ [酒・オリーブ油 … 各大さじ1
　　塩・こしょう … 各少々]
ミニトマト … 1パック
Ⓑ [パン粉・粉チーズ … 各大さじ3]
冷凍ブロッコリー … 200g
オリーブ油 … 適量

作り方

① 鶏肉はそぎ切りにし、Ⓐをかけて揉み込む。ミニトマトはヘタを取り除き、半分に切る。

② オーブントースターの受け皿にアルミホイルを敷いてオリーブ油を塗る。ミニトマトを並べ、全体にⒷの1/3量をふって焼き色がつくまで焼いて取り出す。

③ オーブントースターに鶏肉を並べ、残りのⒷをふって7～8分焼く。

盛りつける ×5個

ごはんを保存容器に5個に分けて盛り、③、②、冷凍ブロッコリーをのせる。

冷凍する

食べるときは…

凍ったままのお弁当箱に保冷剤をつけて持って行く。電子レンジで6分30秒加熱する。
※加熱が足りない場合は30秒ずつ追加して加熱してください。

> シンプルな味つけなので
> 粒マスタードや
> トマトケチャップを添えても◎

こってりスパイシーな味つけでごはんが止まらないおいしさ！

鶏むね肉冷凍弁当⑥

タンドリーチキン弁当

レンチンで調味したタレを鶏肉によく絡めて焼くだけ。
ジュワ〜ッとジューシーに焼いた鶏肉が絶品です。

| 冷蔵 2日 | 冷凍 10日 |

平日5日分のお弁当作りスタート！！

ごはんを炊く

買い物に行こう！

買い物リスト

鶏むね肉…2枚	¥333
パプリカ（赤）…1個	¥158
パプリカ（黄）…1個	¥158
カレールウ…1箱	¥160

¥809（税込）

調理スタート！！

材料（5回分）

米…3合
鶏むね肉…2枚
パプリカ（赤・黄）…各1個
カレールウ…1かけ（25g）
Ⓐ ［マヨネーズ…大さじ3
　　トマトケチャップ…大さじ1
　　すりおろししょうが・
　　すりおろしにんにく…各少々］
塩・乾燥パセリ…各適量
サラダ油…適量＋大さじ1

作り方

① 鶏肉はそぎ切りにし、パプリカは乱切りにする。カレールウは細かく刻む。

② 耐熱ボウルにカレールウ、Ⓐを入れてよく混ぜる。ふんわりとラップをし、電子レンジで1〜2分加熱をしてよく混ぜ、鶏肉を加えて混ぜ合わせる。

③ オーブントースターの受け皿にアルミホイルを敷いてサラダ油適量を塗る。②を並べ、鶏肉に火が通るまで7〜8分焼いて取り出す。

④ フライパンにサラダ油大さじ1を熱し、パプリカを入れてしんなりするまで炒め、塩をふる。

盛りつける ×5個

ごはんを保存容器に5個に分けて盛り、パセリをふって③、④をのせる。

冷凍する

食べるときは…

凍ったままのお弁当箱に保冷剤をつけて持って行く。電子レンジで7分加熱する。

※加熱が足りない場合は30秒ずつ追加して加熱してください。

鶏肉をさばやえびにかえても◎
パプリカは冷凍のものを使うのもおすすめです！

そぎ切りにした鶏肉が一口大で食べやすい！

鶏むね肉冷凍弁当⑦

のり巻き揚げ&卵焼き&いんげんのごま和え弁当

しっかり下味をつけた鶏肉は揚げ焼きしてジューシーに。
甘めの卵焼きと濃厚ないんげんと一緒に召し上がれ。

冷蔵 2日　冷凍 10日

平日5日分のお弁当作りスタート！！

ごはんを炊く

買い物に行こう！

買い物リスト

鶏むね肉…2枚	¥333
いんげん…1袋	¥268
焼きのり（半切り）…1袋	¥108
卵…6個	¥218

¥927 （税込）

調理スタート！！

材料（5回分）

米…3合
鶏むね肉…2枚
Ⓐ[みりん・白だし…各大さじ1
　 すりおろししょうが…小さじ2]
焼きのり（半切り）…1枚
片栗粉…適量
卵…6個
Ⓑ[水…大さじ6
　 砂糖・白だし…各大さじ3]
いんげん…1袋
Ⓒ[マヨネーズ…大さじ2
　 白すりごま…大さじ1]
サラダ油…大さじ2＋小さじ6

作り方

① 鶏肉は15本になるように細めのそぎ切りにし、Ⓐをまぶして揉み込む。のりは長方形に切り、鶏肉に巻いて片栗粉をまぶす。

② フライパンにサラダ油大さじ2を熱し、①を入れて3〜4分揚げ焼きにする。

③ ボウルに卵を溶きほぐし、Ⓑを加えて混ぜ、2つのボウルに分ける。

④ フライパンにサラダ油小さじ1を熱し、③の片方のボウルの卵液1/3量を流し入れて全体に広げる。両端を内側に折り、手前から巻く。

⑤ ④の工程を残り2回繰り返して取り出す。もう片方のボウルの卵液も同様に作り、2本の卵焼きを5切れずつに切る。

⑥ いんげんは3分ほどゆで、ザルにあげて水けをきる。3cm幅に切り、ボウルに入れてⒸを加えて和える。

盛りつける ×5個

ごはんを保存容器に5個に分け、1/3スペースを空けて詰める。ごはんの上に②をのせ、空いているスペースに⑤、⑥を詰める。

冷凍する

食べるときは…

凍ったままのお弁当箱に保冷剤をつけて持って行く。電子レンジで7分加熱する。

※加熱が足りない場合は30秒ずつ追加して加熱してください。

鶏むね肉冷凍弁当⑧

ヤンニョムチキン&ナムル弁当

韓国の定番料理のヤンニョムチキンとナムルがお弁当に登場！
甘辛い濃厚なタレでごはんが何杯も食べられます。

とろりとしたやみつきダレとさっぱりナムルがよく合う！

冷蔵 2日　冷凍 10日

平日5日分のお弁当作りスタート！！

ごはんを炊く

買い物に行こう！

買い物リスト

鶏むね肉…2枚	¥333
小ねぎ…1袋	¥290
もやし…1袋	¥42

¥665 (税込)

調理スタート！！

材料（5回分）

- 米…3合
- 鶏むね肉…2枚
- **A**
  - 酒・片栗粉…各大さじ2
  - すりおろししょうが・すりおろしにんにく・ごま油…各小さじ1
- もやし…1袋
- 小ねぎ…1袋
- **B**
  - 白すりごま…大さじ1
  - 鶏がらスープの素・ごま油…各小さじ2
- **C**
  - 水…50ml
  - トマトケチャップ…大さじ2
  - コチジャン・砂糖…各大さじ1
  - こしょう…少々
- ごま油…大さじ1
- 白いりごま…適量

作り方

① 鶏肉はそぎ切りにし、Ⓐをまぶして揉み込む。もやしはひげ根を取り除き、小ねぎは4cm幅に切る。

② 耐熱ボウルにもやし、小ねぎを入れ、ふんわりとラップをして電子レンジで2～3分加熱する。水けをよく絞り、Ⓑを加えて和える。

③ フライパンにごま油を熱し、鶏肉を入れてこんがりと焼き色がつくまで炒める。Ⓒを加え、蓋をして3～4分煮絡める。

盛りつける ×5個

ごはんを保存容器に5個に分けて盛り、③をのせて白いりごまをふり、②を添える。

冷凍する

食べるときは…

凍ったままのお弁当箱に保冷剤をつけて持って行く。電子レンジで7分加熱する。

※加熱が足りない場合は30秒ずつ追加して加熱してください。

鶏むね肉冷凍弁当⑨

バターチキンカレー弁当

鶏肉は下味をつけてよく揉み込むことでしっとりやわらかく。
トマトの酸味とバターのコクでとろけるおいしさのカレーです。

| 冷蔵 2日 | 冷凍 10日 |

カレーの匂いに気分UP！
クッキングシートを敷いて
盛れば容器に色移りしない

平日5日分のお弁当作りスタート！！

ごはんを炊く

買い物に行こう！

買い物リスト

鶏むね肉…2枚	¥333
カットトマト缶…1缶	¥116
玉ねぎ…1個	¥97
牛乳…200mℓ	¥117
カレールウ…1箱	¥160
バター…1箱	¥214

¥1037（税込）

調理スタート！！

材料（5回分）

- 米…3合
- 鶏むね肉…2枚
- Ⓐ
  - 小麦粉…大さじ2
  - すりおろししょうが・すりおろしにんにく…各小さじ2
  - 塩・こしょう…各少々
- 玉ねぎ…1個
- Ⓑ
  - カットトマト缶…1缶
  - 牛乳…200mℓ
- カレールウ…2かけ（50g）
- サラダ油…大さじ2
- バター…20g
- 塩・こしょう・乾燥パセリ…各適量

作り方

① 鶏肉はそぎ切りにし、Ⓐをまぶして揉み込む。玉ねぎは薄切りにする。

② 鍋にサラダ油を熱し、玉ねぎを入れてしんなりとするまで炒める。鶏肉を加えてこんがりと焼き色がつくまで炒める。

③ Ⓑを加えて7〜8分煮込み、カレールウを加えて2〜3分煮込む。バターを加えて塩、こしょうで味を調える。

盛りつける ×5個

ごはんを保存容器に5個に分け、半分スペースを空けて盛り、空いているスペースにクッキングペーパーを敷いて③を入れる。ごはんの上にパセリをふる。

冷凍する

食べるときは…

凍ったままのお弁当箱に保冷剤をつけて持って行く。電子レンジで7分加熱する。

※加熱が足りない場合は30秒ずつ追加して加熱してください。

> バターチキンカレーだけを冷凍してパンやおにぎりと組み合わせても◎

彩り野菜で健康的！
揚げ焼きで簡単に作れる
から揚げが絶品！

鶏むね肉冷凍弁当⑩

鶏だしから揚げ＆
彩り野菜弁当

だしのきいたから揚げに甘辛いしょうがダレをかけてどうぞ。
彩り豊かで蓋をあけたときにわくわくするお弁当です。

冷蔵	冷凍
2日	**10**日

平日5日分のお弁当作りスタート！！

ごはんを炊く

買い物に行こう！

買い物リスト

鶏むね肉…2枚	¥333
オクラ…10本	¥198
かぼちゃ…1/8個	¥93
パプリカ（赤）…1個	¥158
パプリカ（黄）…1個	¥158

¥940（税込）

調理スタート！！

材料（5回分）

- 米…3合
- 鶏むね肉…2枚
- Ⓐ
  - みりん・白だし…各大さじ1
  - すりおろししょうが…小さじ1
- 片栗粉…大さじ3
- パプリカ（赤・黄）…各1個
- かぼちゃ…1/8個
- オクラ…10本
- Ⓑ
  - 砂糖・しょうゆ・すりおろししょうが…各大さじ2
- 塩…適量
- サラダ油…大さじ1＋大さじ2

作り方

① 鶏肉はそぎ切りにし、Ⓐをまぶして揉み込み、片栗粉を全体にまぶす。パプリカは乱切りにする。かぼちゃは薄切りにし、水にくぐらせる。オクラはガクを切り落とし、斜め半分に切る。Ⓑは混ぜ合わせる。

② かぼちゃは耐熱皿に並べてふんわりとラップをし、電子レンジで2〜3分加熱して塩少々をふる。オクラは耐熱ボウルに入れてふんわりとラップをし、電子レンジで2分加熱して塩少々をふる。

③ フライパンにサラダ油大さじ1を熱し、パプリカを入れて3分ほど焼き、塩少々をふって取り出す。サラダ油大さじ2を熱し、鶏肉を入れて3〜4分揚げ焼きにする。

盛りつける ×5個

ごはんを保存容器に5個に分けて盛り、鶏肉、かぼちゃ、パプリカ、オクラをのせて鶏肉にⒷをかける。

冷凍する

食べるときは…

凍ったままのお弁当箱に保冷剤をつけて持って行く。電子レンジで7分加熱する。

※加熱が足りない場合は30秒ずつ追加して加熱してください。

> 好みで野菜にはマヨネーズやドレッシングを添えて変化をつけても！

豚こま切れ肉冷凍弁当①

ダブルしょうが焼き
&にら卵焼き弁当

しょうがはすりおろしだけではなく、せん切りと合わせて加えることで、風味と食感のアクセントになります。いつもの卵焼きに、にらを入れて彩りをプラスして。

| 冷蔵 2日 | 冷凍 10日 |

平日5日分のお弁当作りスタート!!

ごはんを炊く

買い物に行こう！

買い物リスト

豚こま切れ肉…約300g	¥344
しょうが…1パック	¥138
玉ねぎ…1個	¥97
にら…1束	¥138
卵…6個	¥218

¥935（税込）

材料（5回分）

- 米…3合
- 豚こま切れ肉…300g
- 玉ねぎ…1個
- しょうが…1パック
- にら…1束
- Ⓐ しょうゆ・みりん…各大さじ2／砂糖…大さじ1
- 卵…6個
- Ⓑ 水…大さじ6／砂糖・白だし…各大さじ2
- サラダ油…大さじ1＋小さじ6

調理スタート!!

① 材料を切る

玉ねぎは薄切りにする。しょうがは皮をむき、半分をせん切りにして残りはすりおろす。にらは細かく刻む。

② 炒める

フライパンにサラダ油大さじ1を熱し、せん切りにしたしょうが、玉ねぎ、豚肉を入れて炒める。豚肉の色が変わったらⒶを加えて2〜3分煮絡め、すりおろしたしょうがを加える。

盛りつける

ごはんを保存容器に5個に分け、1/3スペースを空けて詰める。ごはんの上に②をのせ、空いているスペースに③を詰める。

×5個

③ 卵焼きを作る

ボウルに卵を溶きほぐし、❷、にらを加えて混ぜ、2つのボウルに分ける。<u>フライパンにサラダ油小さじ1を熱し、片方のボウルの卵液1/3量を流し入れて全体に広げる。両端を内側に折り、手前から巻く。</u>下線の工程を残り2回繰り返して取り出す。もう片方のボウルの卵液も同様に作り、2本の卵焼きを5切れずつに切る。

冷凍する

食べるときは…

凍ったままのお弁当箱に保冷剤をつけて持って行く。電子レンジで7分加熱する。

※加熱が足りない場合は30秒ずつ追加して加熱してください。

43

| 豚こま切れ肉冷凍弁当②

豚キムチーズ弁当

豚キムチはごはんと一緒にかき込みたくなるほどおいしい！
チーズをのせることでよりコク深く、マイルドな仕上がりに。

冷蔵 2日　冷凍 10日

炒めるだけで簡単！
チーズとキムチが相性抜群の
YouTubeでも
大人気なお弁当！

平日5日分のお弁当作りスタート！！

ごはんを炊く

買い物に行こう！

買い物リスト

豚こま切れ肉…約300g	¥344
小ねぎパック…1パック	¥98
玉ねぎ…1個	¥97
ピザ用チーズ…100g	¥218
キムチ…200g	¥166

¥923（税込）

調理スタート！！

材料（5回分）

- 米…3合
- 豚こま切れ肉…300g
- 玉ねぎ…1個
- キムチ…200g
- 焼き肉のタレ…大さじ2
- 塩・こしょう…各少々
- ピザ用チーズ…100g
- ごま油…大さじ1
- 小ねぎパック…適量

作り方

① 玉ねぎは薄切りにする。

② フライパンにごま油を熱し、①、豚肉を入れて炒める。豚肉の色が変わったらキムチを加えて炒める。焼き肉のタレを加え、塩、こしょうで味を調える。

盛りつける ×5個

ごはんを保存容器に5個に分けて盛り、②をのせる。ピザ用チーズをのせ、小ねぎを散らす。

冷凍する

食べるときは…

凍ったままのお弁当箱に保冷剤をつけて持って行く。電子レンジで7分加熱する。

※加熱が足りない場合は30秒ずつ追加して加熱してください。

豚キムチーズはごはんのかわりにゆでうどんにのせても◎

豚こま切れ肉冷凍弁当③
高菜3色弁当

豆板醤の辛みに砂糖やみそをプラスして甘辛く仕上げた豚肉を
赤、黄、緑の3色がわかるようにきれいに盛りつけるのがポイント。

冷蔵	冷凍
2日	10日

ピリ辛の豚肉をたっぷりのせて、高菜漬けと炒り卵と一緒にどうぞ！

平日5日分のお弁当作りスタート！！

ごはんを炊く

買い物に行こう！

買い物リスト

豚こま切れ肉	約300g	¥344
高菜漬け（市販）	100g	¥161
卵	6個	¥218

¥723（税込）

材料（5回分）

- 米 … 3合
- 豚こま切れ肉 … 300g
- 高菜漬け（市販） … 100g
- Ⓐ
  - 白すりごま・砂糖・みそ … 各大さじ2
  - 豆板醤 … 小さじ2
- 卵 … 6個
- Ⓑ
  - 熱湯 … 大さじ4
  - 鶏がらスープの素 … 小さじ2
  - こしょう … 少々
- ごま油 … 大さじ1

> 全体を混ぜ合わせて
> おにぎりにしても
> おいしいです！

調理スタート！！

作り方

① 高菜漬けは長いものなら細かく刻む。

② フライパンにごま油を熱し、豚肉を入れて炒める。豚肉の色が変わったらⒶを加えて汁けがなくなるまで炒める。

③ 耐熱ボウルにⒷを入れ、鶏がらスープの素が溶けるまで混ぜ、卵を割り入れてかき混ぜる。ラップをせずに、電子レンジで2分加熱する。フォークで全体をよくかき混ぜ、さらに2分加熱してかき混ぜる。さらに電子レンジで1分加熱し、半熟状になったら余熱で火を通す。粗熱が取れたらかき混ぜる。

盛りつける ×5個

ごはんを保存容器に5個に分けて盛り、②、高菜漬け、③をのせる。

冷凍する

食べるときは…

凍ったままのお弁当箱に保冷剤をつけて持って行く。電子レンジで7分加熱する。

※加熱が足りない場合は30秒ずつ追加して加熱してください。

トッピングの
コチュジャンは好みの
量に調整して添えて！

豚こま切れ肉冷凍弁当④

台湾風
混ぜごはん弁当

台湾風混ぜそばならぬ、混ぜごはんでボリューミーなお弁当に。
全体をよく混ぜて食べても、そのまま食べてもおいしいです。

冷蔵 2日　冷凍 10日

平日5日分のお弁当作りスタート！！

ごはんを炊く

買い物に行こう！

買い物リスト

豚こま切れ肉 … 約300g　￥344
長ねぎ … 2本　￥108×2
にら … 1束　￥138
焼きのり（半切り）… 1袋　￥108

￥806（税込）

調理スタート！！

材料（5回分）

米 … 3合
豚こま切れ肉 … 300g
長ねぎ … 2本
にら … 1束
塩 … 適量
Ⓐ ［焼き肉のタレ … 大さじ3
　　砂糖・オイスターソース・
　　　コチュジャン・片栗粉 … 各大さじ1
　　すりおろししょうが・
　　　すりおろしにんにく … 各小さじ1］
焼きのり（半切り）… 2枚
コチュジャン・白すりごま … 各適量
ごま油 … 大さじ1

作り方

① 長ねぎは斜め切りにし、にらは3cm幅のざく切りにする。

② 鍋に少量の湯（分量外）を沸かし、塩適量を入れる。長ねぎ、にらをそれぞれさっとゆでて水けをきる。

③ フライパンにごま油大さじ1を熱し、豚肉を入れて炒める。豚肉の色が変わったらⒶを加えてとろみがつくまで煮る。

盛りつける ×5個

ごはんを保存容器に5個に分けて盛り、③をのせ、白すりごまをふる。②、ちぎった焼きのり、コチュジャンを添える。

冷凍する

食べるときは…

凍ったままのお弁当箱に保冷剤をつけて持って行く。電子レンジで7分加熱する。

※加熱が足りない場合は30秒ずつ追加して加熱してください。

甘辛い味つけがごはんに合うので全体をよく混ぜてどうぞ！

炊飯器だけで簡単に
作れるお手軽ピラフ！
見た目もかわいい

豚こま切れ肉冷凍弁当⑤

きのこポークストロガノフ &トマトピラフ弁当

牛肉よりも安価な豚肉を使ったホワイトポークストロガノフ。
うま味が溶け出たまろやかなクリームとピラフがよく合います。

冷蔵	冷凍
2日	**10**日

平日5日分のお弁当作りスタート！！

買い物に行こう！

買い物リスト

豚こま切れ肉 … 約300g	¥344
玉ねぎ … 1個	¥97
トマトジュース … 200㎖	¥96
しめじ … 1パック	¥108
牛乳 … 500㎖	¥203
バター … 1箱	¥214

¥1062（税込）

材料（5回分）

米 … 3合
豚こま切れ肉 … 300g
Ⓐ
- トマトジュース … 200㎖
- トマトケチャップ・顆粒コンソメ … 各大さじ1
- 塩 … 小さじ1

水 … 適量
Ⓑ
- 小麦粉 … 大さじ2
- オリーブ油 … 大さじ1
- すりおろしにんにく … 小さじ1
- 塩・こしょう … 各少々

玉ねぎ … 1個
しめじ … 1パック
小麦粉 … 大さじ2
牛乳 … 500㎖
顆粒コンソメ … 小さじ2
塩・こしょう … 各少々
バター … 20g
乾燥パセリ … 適量

調理スタート！！

作り方

1. 炊飯器に研いだ米、Ⓐ、3合の目盛りまで水を入れ、ひと混ぜして普通モードで炊く。

2. 豚肉はⒷをまぶして揉み込む。玉ねぎは薄切りにし、しめじは根元を切り落としてほぐす。

3. 鍋にバターを熱し、玉ねぎ、豚肉を入れて炒める。豚肉の色が変わったらしめじを加えて2分ほど炒め、小麦粉を全体にまぶす。

4. 牛乳を少しずつ加え、ダマにならないようかき混ぜながらとろみがつくまで煮る。コンソメを加え、塩、こしょうで味を調える。

盛りつける ×5個

①を保存容器に5個に分け、半分スペースを空けて詰め、パセリをふる。空いているスペースにクッキングペーパーを敷いて④を入れる。

冷凍する

食べるときは…

凍ったままのお弁当箱に保冷剤をつけて持って行く。電子レンジで7分加熱する。

※加熱が足りない場合は30秒ずつ追加して加熱してください。

豚肉は鶏ひき肉や鶏むね肉にかえて作るのもおすすめ！

| 豚こま切れ肉冷凍弁当⑥ |

ペッパーランチ風弁当

お店のあの味を豚こま切れ肉で安価に再現したお弁当。
解凍時に溶けるバターの風味が満足感をぐっとアップさせます。

冷蔵 2日 **冷凍 10日**

> ガッツリ気分におすすめ！
> YouTubeでも大人気の
> パンチのあるやみつき弁当

平日5日分のお弁当作りスタート！！

ごはんを炊く

買い物に行こう！

買い物リスト

豚こま切れ肉 … 約300g	¥344
玉ねぎ … 1個	¥97
にんにく … 1玉	¥193
ピーマン … 1袋（5個）	¥198
ホールコーン缶 … 1缶	¥144
バター … 1箱	¥214

¥1190（税込）

材料（5回分）

米 … 3合
豚こま切れ肉 … 300g
玉ねぎ … 1個
にんにく … 1玉
ピーマン … 1袋（5個）
ホールコーン缶 … 1缶
塩・こしょう … 各少々
A［焼き肉のタレ … 大さじ2
　 しょうゆ・みりん … 各大さじ1］
バター … 8g×5
サラダ油 … 大さじ2
粗びき黒こしょう … 適量

調理スタート！！

作り方

① 玉ねぎ、にんにくは薄切りにし、ピーマンは乱切りにする。コーンは汁けをきる。

② 豚肉は塩、こしょうをふって揉み込む。

③ フライパンにサラダ油を熱し、にんにくを入れる。焼き色がついたら取り出す。同じフライパンに玉ねぎ、②を入れて炒める。豚肉の色が変わったらピーマンを加えて強火にし、しんなりするまで炒めたらAを加えて強火でさっと炒める。

盛りつける ×5個

ごはんを保存容器に5個に分けて盛り、③をのせて取り出したにんにく、コーンを散らす。粗びき黒こしょうをふり、バターをのせる。

冷凍する

食べるときは…

凍ったままのお弁当箱に保冷剤をつけて持って行く。電子レンジで7分加熱する。

※加熱が足りない場合は30秒ずつ追加して加熱してください。

食べるときは、バターを全体にからめるようによく混ぜてね！

| 豚こま切れ肉冷凍弁当⑦ |

豚キャベ＆
おかかごはん弁当

あっさり豚肉とキャベツに、和風に味つけたごはんがよく合う！
ヘルシーで食物繊維もとれるのでダイエットにもおすすめです。

材料3つで超節約！
ふわっと香るごま油と
削り節で満足感をアップ

| 冷蔵 2日 | 冷凍 10日 |

平日5日分のお弁当作りスタート！！

ごはんを炊く

買い物に行こう！

買い物リスト

豚こま切れ肉…約200g	¥230
削り節（個包装タイプ）…1袋	¥108
キャベツ…½個	¥139

¥477 （税込）

調理スタート！！

材料（5回分）

- 米…3合
- 豚こま切れ肉…200g
- A [めんつゆ・片栗粉…各大さじ2 / すりおろししょうが…少々]
- キャベツ…½個
- 塩・こしょう…各適量
- 削り節（個包装タイプ）…3パック
- しょうゆ…大さじ2
- ごま油…大さじ1＋大さじ1
- 粗びき黒こしょう…適量

作り方

1. 豚肉に A をまぶして揉み込む。
2. キャベツはざく切りにする。
3. フライパンにごま油大さじ1を熱し、②を入れてしんなりするまで炒め、塩、こしょう各少々をふって取り出す。同じフライパンにごま油大さじ1を熱し、①を入れて炒め、豚肉の色が変わったら塩少々で味を調える。
4. ごはんに削り節、しょうゆを加えて混ぜ合わせる。

盛りつける ×5個

④を保存容器に5個に分けて盛り、③のキャベツと豚肉をのせて粗びき黒こしょうをふる。

冷凍する

食べるときは…

凍ったままのお弁当箱に保冷剤をつけて持って行く。電子レンジで7分加熱する。

※加熱が足りない場合は30秒ずつ追加して加熱してください。

削り節としょうゆは熱々のごはんに加えて手早く混ぜてね！

ひき肉冷凍弁当①
オムライス弁当

オムライスをドーンと入れたお弁当でランチが楽しみに！
添えるブロッコリーも冷凍を使えば、ポンと入れるだけで彩りアップ。
中の具はレンチンで、炊飯器内でごはんと混ぜ合わせるので手間も最小限です。

冷蔵 2日 **冷凍 10日**

> 赤黄緑が目にも嬉しい
> ラップで成形するので
> 不器用さんでも簡単！

平日5日分のお弁当作りスタート！！

買い物に行こう！

買い物リスト

鶏ひき肉…約200g	¥198
玉ねぎ…1個	¥97
冷凍ブロッコリー…1袋	¥181
卵…6個	¥218
バター…1箱	¥214

¥908 （税込）

材料（5回分）

- 米…3合
- A [顆粒コンソメ…小さじ2 / バター…8g×2]
- 玉ねぎ…1個
- 鶏ひき肉…200g
- 塩・こしょう…各適量
- トマトケチャップ…大さじ8＋適量
- 卵…6個
- 冷凍ブロッコリー…200g
- サラダ油…小さじ5

調理スタート！！

① ごはんを炊く

炊飯器に研いだ米、Ⓐ、3合の目盛りまで水を入れ、ひと混ぜして普通モードで炊く。

② 下準備をする

玉ねぎはみじん切りにする。耐熱ボウルに入れ、ひき肉、塩、こしょうを加えてよく混ぜる。ラップをせずに電子レンジで2分加熱してよく混ぜ、さらに1分加熱する。

③ ケチャップライスを作る

①に②、トマトケチャップを加えてよく混ぜる。

盛りつける

保存容器にラップを敷いて④を敷く。③を5個に分けてのせ、両端をつまんでラグビーボール型にする。ひっくり返し、しばらく置いてラップを外し、凍ったままのブロッコリーを添える。

④ 薄焼き卵を作る

ボウルに卵を溶きほぐし、塩、こしょうを加える。フライパンにサラダ油小さじ1を熱し、溶き卵1/5量を流し入れる。卵の表面が乾くまで焼き、取り出す。これを5枚作る。

×5個

↓

冷凍する

↓

食べるときは…

凍ったままのオムライスにトマトケチャップ適量をかける。凍ったままのお弁当箱に保冷剤をつけて持って行く。電子レンジで7分加熱する。

※加熱が足りない場合は30秒ずつ追加して加熱してください。

ひき肉冷凍弁当②

キーマカレー弁当

ルウ使用&レンチンで簡単にできるキーマカレー。
しょうがとにんにくを加えてさらに食欲そそる味に！

冷蔵 **2**日 冷凍 **10**日

パプリカで彩りアップ！
大きめに切ると
歯応えも残って◎

平日5日分のお弁当作りスタート！！

ごはんを炊く

買い物に行こう！

買い物リスト

豚ひき肉…約400g	¥343
玉ねぎ…1個	¥97
にんじん…1本	¥108
パプリカ(赤)…1個	¥158
パプリカ(黄)…1個	¥158
カレールウ…1箱	¥160

¥1024（税込）

調理スタート！！

材料（5回分）

- 米…3合
- 豚ひき肉…400g
- 玉ねぎ…1個
- にんじん…1本
- パプリカ（赤・黄）…各1個
- Ⓐ
  - カレールウ…2かけ（50g）
  - トマトケチャップ・ウスターソース…各大さじ1
  - 顆粒コンソメ…小さじ2
  - すりおろししょうが・すりおろしにんにく…各小さじ1
- 塩・こしょう…各少々
- オリーブ油…大さじ1

> レンチン調理なので初心者でも失敗せずに簡単に作れます！

作り方

1. 玉ねぎ、にんじんはみじん切りにし、パプリカは乱切りにする。
2. 耐熱ボウルにひき肉、玉ねぎ、にんじん、Ⓐを入れてよくかき混ぜる。ラップをせずに電子レンジで3分加熱する。一度取り出してよく混ぜ、さらに3分加熱する。再び取り出してよく混ぜ、さらに3分加熱する。
3. フライパンにオリーブ油を熱し、パプリカを入れてしんなりするまで炒め、塩、こしょうをふる。

盛りつける ×5個

ごはんを保存容器に5個に分けて盛り、②をかけて③を添える。

冷凍する

食べるときは…

凍ったままのお弁当箱に保冷剤をつけて持って行く。電子レンジで7分加熱する。

※加熱が足りない場合は30秒ずつ追加して加熱してください。

ひき肉冷凍弁当③
ひき肉と厚揚げのあんかけ弁当

鶏肉と厚揚げのダブルのたんぱく質に小松菜とにんじんで栄養満点！
とろみをつけることでひき肉も絡んで食べやすくなります。

冷蔵	冷凍
2日	10日

具材のうま味が
溶けたとろけるあんが
ごはんにもしみて美味

平日5日分のお弁当作りスタート！！

ごはんを炊く

買い物に行こう！

買い物リスト

鶏ひき肉 … 約100g	¥99
小松菜 … 1袋	¥171
にんじん … 1本	¥108
厚揚げ … 2枚	¥96

¥474（税込）

調理スタート！！

材料（5回分）

- 米 … 3合
- 厚揚げ … 2枚
- にんじん … 1本
- 小松菜 … 1袋
- 鶏ひき肉 … 100g
- Ⓐ
  - 水 … 150㎖
  - 砂糖・しょうゆ・みりん・白だし … 各大さじ1
  - すりおろししょうが … 小さじ1
- 水溶き片栗粉 … 水大さじ2＋片栗粉大さじ1
- ごま油 … 大さじ1

作り方

① 厚揚げは一口大の薄切りにする。にんじんは短冊切りにし、小松菜は根元を切り落として3cm幅に切る。

② フライパンにごま油を熱し、ひき肉、厚揚げ、にんじん、小松菜の順番に入れて炒める。ひき肉の色が変わったらⒶを加え、煮立ったら混ぜ合わせた水溶き片栗粉を加えてとろみがつくまで煮る。

盛りつける ×5個

ごはんを保存容器に5個に分けて盛り、②をのせる。

冷凍する

食べるときは…

凍ったままのお弁当箱に保冷剤をつけて持って行く。電子レンジで7分加熱する。

※加熱が足りない場合は30秒ずつ追加して加熱してください。

> 鶏ひき肉で節約＆たんぱく質たっぷりのあんがおいしいお弁当！

ひき肉冷凍弁当④
3色そぼろ丼弁当

3色全てレンチンでできるそぼろ丼弁当！
少しずつ味つけが異なる3色をそれぞれでも、混ぜて楽しんでも。

| 冷蔵 2日 | 冷凍 10日 |

3色の彩りが華やか
YouTubeで290万回
再生された大人気弁当！

平日5日分のお弁当作りスタート！！

ごはんを炊く

買い物に行こう！

買い物リスト

豚ひき肉…約300g	¥258
小松菜…1袋	¥171
卵…6個	¥218

¥647（税込）

調理スタート！！

材料（5回分）

- 米…3合
- 豚ひき肉…300g
- 小松菜…1袋
- Ⓐ
  - 砂糖・しょうゆ・みりん・めんつゆ・片栗粉…各大さじ2
  - すりおろししょうが…小さじ2
- 卵…6個
- Ⓑ
  - 水…大さじ3
  - 砂糖・みりん・白だし…各大さじ1
- 白だし…小さじ2

作り方

① 小松菜は細かく刻む。

② 耐熱ボウルにひき肉、Ⓐを入れてよく混ぜる。ふんわりとラップをして電子レンジで3分加熱する。一度取り出してよく混ぜ、さらに2分加熱する。

③ 別の耐熱ボウルに卵を割り入れてⒷを加え、かき混ぜる。ラップをせずに電子レンジで2分加熱する。フォークで全体をよくかき混ぜ、さらに2分加熱してかき混ぜる。さらに1分加熱し、かき混ぜる。半熟状になったら余熱で火を通し、粗熱が取れたらかき混ぜる。

④ 別の耐熱ボウルに①を入れ、ふんわりとラップをして電子レンジで2～3分加熱する。水けをよく絞り、白だしを加えて和える。

盛りつける ×5個

ごはんを保存容器に5個に分けて盛り、②、③、④をのせる。

冷凍する

食べるときは…

凍ったままのお弁当箱に保冷剤をつけて持って行く。電子レンジで7分加熱する。

※加熱が足りない場合は30秒ずつ追加して加熱してください。

ハンバーグ弁当

みんな大好きなハンバーグに色鮮やかな副菜を添えたお弁当。
副菜はシンプルな味つけにしてハンバーグとメリハリをつけて。

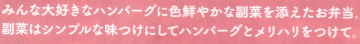

肉だねにマヨネーズを
加えることで
やわらかジューシーに

冷蔵 **2**日 冷凍 **10**日

平日5日分のお弁当作りスタート!!

ごはんを炊く

買い物に行こう!

買い物リスト

豚ひき肉…約300g	¥258
玉ねぎ…1個	¥97
にんじん…1本	¥108
ほうれん草…1袋	¥108

¥571（税込）

材料（5回分）

米…3合
豚ひき肉…300g
玉ねぎ…1個
にんじん…1本
ほうれん草…1袋

- **A** 砂糖・オリーブ油…各小さじ1
  塩…少々
- **B** オリーブ油…小さじ1
  塩・こしょう…各少々
- **C** パン粉…大さじ3
  マヨネーズ・小麦粉…各大さじ1
  すりおろしにんにく・塩・こしょう…各少々
- **D** トマトケチャップ…大さじ4
  中濃ソース・水…各大さじ2

サラダ油…大さじ1

調理スタート!!

作り方

① 玉ねぎはみじん切り、にんじんはピーラーで薄切り、ほうれん草は3cm幅に切る。

② 耐熱ボウルに玉ねぎを入れてふんわりとラップをし、電子レンジで2分加熱して粗熱が取れたら軽く水けをきる。別の耐熱ボウルににんじんを入れてふんわりとラップをし、2分加熱して**A**を加え、和える。別の耐熱ボウルにほうれん草を入れてふんわりとラップをし、2分加熱して**B**を加え、和える。

③ ボウルにひき肉、②の玉ねぎ、**C**を入れてよく練り混ぜ、5等分に丸める。フライパンにサラダ油を熱し、肉だねを入れて両面こんがりと焼き色がつくまで焼く。**D**を加えて蓋をし、2〜3分煮立てる。

盛りつける ×5個

ごはんを保存容器に5個に分けて盛り、③をのせ、ソースをかけてにんじん、ほうれん草を添える。

冷凍する

食べるときは…

凍ったままのお弁当箱に保冷剤をつけて持って行く。電子レンジで7分加熱する。

※加熱が足りない場合は30秒ずつ追加して加熱してください。

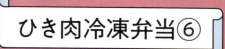

ひき肉冷凍弁当⑥
ひき肉と大豆の
トマト煮弁当

ひき肉も大豆缶も包丁要らずなので、あっという間に作れる一品。
ひき肉の脂とトマトの酸味を吸った大豆が噛むたびにおいしい。

冷蔵 2日　**冷凍 10日**

レンチンで失敗なし！
手軽にボリュームアップ
できる大豆缶で
簡単においしく！

平日5日分のお弁当作りスタート！！

ごはんを炊く

買い物に行こう！

買い物リスト

豚ひき肉 … 約300g	¥258
玉ねぎ … 1個	¥97
カットトマト缶 … 1缶	¥116
大豆水煮缶 … 1缶	¥118

¥589（税込）

調理スタート！！

材料（5回分）

米 … 3合
豚ひき肉 … 300g
玉ねぎ … 1個
大豆水煮缶 … 1缶（180g）
カットトマト缶 … 1缶
Ⓐ ┌ トマトケチャップ … 大さじ3
  │ オリーブ油 … 大さじ1
  └ 顆粒コンソメ … 小さじ2
塩・こしょう・乾燥パセリ … 各適量

作り方

① 玉ねぎはみじん切りにする。大豆は水けをきる。

② 耐熱ボウルにひき肉、①、トマト缶、Ⓐを入れてよく混ぜる。ラップをせずに電子レンジで3分加熱してよく混ぜ、この工程を残り2回行う。塩、こしょうで味を調える。

盛りつける ×5個

ごはんを保存容器に5個に分けて盛り、②をのせてパセリをふる。

冷凍する

食べるときは…

凍ったままのお弁当箱に保冷剤をつけて持って行く。電子レンジで7分加熱する。

※加熱が足りない場合は30秒ずつ追加して加熱してください。

大豆とひき肉でたんぱく質がたっぷりとれます！

ひき肉冷凍弁当⑦
ビビンバ弁当

ひき肉もナムルもレンチンでできるビビンバです。
焼き肉のタレを使えば、味つけも一発で決まる！

食べるときに混ぜ合わせて味の広がりを楽しんで

冷蔵 **2**日 　冷凍 **10**日

平日5日分のお弁当作りスタート！！

ごはんを炊く

買い物に行こう！

買い物リスト

豚ひき肉…約300g	¥258
小松菜…1袋	¥171
にんじん…1本	¥108
もやし…1袋	¥42

¥579（税込）

調理スタート！！

材料（5回分）

米…3合
豚ひき肉…300g
にんじん…1本
もやし…1袋
小松菜…1袋
Ⓐ［ごま油…小さじ1
　 塩…少々
Ⓑ［白すりごま…大さじ1
　 ごま油…小さじ1
Ⓒ［焼き肉のタレ…大さじ2
　 コチジャン…小さじ2
白いりごま…適量

作り方

① にんじんはせん切りにし、もやしはひげ根を取り除く。小松菜は3cm幅に切る。

② 耐熱ボウルににんじん、もやしを入れ、ふんわりとラップをして電子レンジで3分加熱する。水けをきり、Ⓐを加えて混ぜる。別の耐熱ボウルに小松菜を入れ、ふんわりとラップをして電子レンジで3分加熱する。水けをきり、Ⓑを加えて混ぜる。

③ 別の耐熱ボウルににひき肉、Ⓒを入れてよく混ぜる。ラップをせずに電子レンジで2分加熱し、よく混ぜてさらに1分加熱する。

盛りつける ×5個

ごはんを保存容器に5個に分けて盛り、②、③をのせてそぼろに白いりごまをふる。

冷凍する

食べるときは…

凍ったままのお弁当箱に保冷剤をつけて持って行く。電子レンジで7分加熱する。

※加熱が足りない場合は30秒ずつ追加して加熱してください。

豆腐を加えた
つくねがふわふわ！
ヘルシーなのも嬉しい

ひき肉冷凍弁当⑧

豆腐入りつくね＆
ほうれん草ごま和え＆
卵焼き弁当

滋味深いけれど食べ応え◎なおかずを集めたお弁当。卵焼きも
レンチン＆ラップで成形するやり方をマスターすれば簡単です！

| 冷蔵 2日 | 冷凍 10日 |

平日5日分のお弁当作りスタート！！

ごはんを炊く

買い物に行こう！

買い物リスト

鶏ひき肉 … 約200g	¥198
ほうれん草 … 1袋	¥108
卵 … 6個	¥218
絹ごし豆腐 … 1丁（300g）	¥65

¥589（税込）

調理スタート！！

材料（5回分）

- 米 … 3合
- 鶏ひき肉 … 200g
- ほうれん草 … 1袋
- 絹ごし豆腐 … 1丁（300g）
- Ⓐ
  - 片栗粉 … 大さじ3
  - 白だし … 大さじ2
  - すりおろししょうが・しょうゆ … 各小さじ1
- Ⓑ
  - 水 … 100mℓ
  - めんつゆ … 大さじ2
  - 砂糖・片栗粉 … 各大さじ1
- 卵 … 6個
- Ⓒ 砂糖・白だし・水 … 各大さじ2
- Ⓓ
  - 白すりごま … 大さじ2
  - 砂糖・しょうゆ・白だし … 各小さじ1
- サラダ油 … 大さじ1

作り方

① ほうれん草は3cm幅に切る。

② 豆腐はペーパータオルに包んで電子レンジで2分加熱し、粗熱を取る。ボウルに入れ、ひき肉、Ⓐを加えてスプーンでよく練り合わせる。

③ フライパンにサラダ油を熱し、②をスプーンですくって10等分にして入れ、両面こんがりと焼き色がつくまで焼く。混ぜ合わせたⒷを加え、かたまらないように混ぜながらとろみがつくまで煮る。

④ 耐熱ボウルに卵を溶きほぐし、Ⓒを加えてよく混ぜ、2つのボウルに分ける。

⑤ 保存容器にラップを大きめに敷いて④の片方のボウルの卵液を流し入れる。電子レンジで1分加熱し、全体をよく混ぜてさらに1分加熱する。ラップごと保存容器から取り出し、卵を手前から巻いて卵焼きの形に整え、ラップをしたまま冷ます。もう片方のボウルの卵液も同様に作り、2本の卵焼きを5切れずつに切る。

⑥ 耐熱ボウルに①を入れ、ふんわりとラップをして電子レンジで2〜3分加熱する。水けをよく絞り、Ⓓを加えて混ぜる。

冷凍する

食べるときは…

凍ったままのお弁当箱に保冷剤をつけて持って行く。電子レンジで7分加熱する。

※加熱が足りない場合は30秒ずつ追加して加熱してください。

盛りつける ×5個

ごはんを保存容器に5個に分け、縦⅓スペースを空けて盛り、空いているスペースに⑤、⑥を入れる。ごはんの上に③をのせてタレをかける。

ひき肉冷凍弁当⑨

ガパオ風弁当

どんとのせた目玉焼きがインパクト大！
オイスターソースのコクと豆板醤の辛味でごはんが進むお弁当です。

| 冷蔵 2日 | 冷凍 10日 |

2種のパプリカで
彩りと酸味をプラス！
目玉焼きと一緒にどうぞ

平日5日分のお弁当作りスタート！！

ごはんを炊く

買い物に行こう！

買い物リスト

鶏ひき肉 … 約300g	¥297
玉ねぎ … 1個	¥97
パプリカ（赤）… 1個	¥158
パプリカ（黄）… 1個	¥158
卵 … 6個	¥218

¥928（税込）

調理スタート！！

材料（5回分）

- 米 … 3合
- 鶏ひき肉 … 300g
- 玉ねぎ … 1個
- パプリカ（赤・黄）… 各1個
- Ⓐ
  - 砂糖・しょうゆ・オイスターソース・片栗粉 … 各大さじ2
  - すりおろしにんにく・豆板醤・鶏がらスープの素 … 各小さじ1
  - こしょう … 少々
- 卵 … 5個
- サラダ油 … 小さじ5

作り方

① 玉ねぎはみじん切りにし、パプリカは1cmの角切りにする。

② 耐熱ボウルにひき肉、玉ねぎ、Ⓐを入れてよく混ぜる。ラップをせずに電子レンジで3分加熱する。よく混ぜてさらに3分加熱する。取り出してパプリカを入れ、よく混ぜてさらに3分加熱する。

③ フライパンにサラダ油を小さじ1を熱し、卵を割り入れて半熟の目玉焼きを焼く。これを5個作る。

盛りつける ×5個

ごはんを保存容器に5個に分けて盛り、②をかけて③をのせる。

※目玉焼きは温めるときに爆発しないよう中央にのせないようにする。

冷凍する

食べるときは…

凍ったままのお弁当箱に保冷剤をつけて持って行く。
電子レンジで7分加熱する。

※加熱が足りない場合は30秒ずつ追加して加熱してください。

> 目玉焼きは冷凍できるんです！
> レンチンしたときに破裂しないように中央ではなく端にずらしてのせましょう

> ひき肉冷凍弁当⑩

きのこ鶏そぼろあん
&のり卵焼き弁当

食物繊維とうま味たっぷりのきのこはカサ増しにぴったり。
やさしい和風の味つけに小ねぎとしょうががアクセント。

ぐるぐる模様の
卵焼きが可愛い
のりの風味も◎

冷蔵 2日　冷凍 10日

平日5日分のお弁当作りスタート！！

ごはんを炊く

買い物に行こう！

買い物リスト

鶏ひき肉 … 約200g	¥198
焼きのり（半切り）…1袋	¥108
小ねぎパック …1パック	¥98
えのき …1パック	¥64
しめじ …1パック	¥108
卵 …6個	¥218

¥794（税込）

材料（5回分）

米 … 3合
鶏ひき肉 … 200g
しめじ … 1パック
えのき … 1パック

Ⓐ
- 水 … 100mℓ
- みりん・めんつゆ … 各大さじ2
- しょうゆ … 大さじ1
- すりおろししょうが … 小さじ1

水溶き片栗粉 … 水大さじ4＋片栗粉大さじ2
卵 … 6個

Ⓑ
- 水 … 大さじ6
- 砂糖・白だし … 各大さじ3

焼きのり（半切り）… 2枚
小ねぎパック … 適量
サラダ油 … 小さじ2＋小さじ6

調理スタート！！

作り方

① しめじは根元を切り落としてほぐし、えのきは根元を切り落として半分に切る。

② フライパンにサラダ油小さじ2を熱し、ひき肉を入れて炒める。色が変わったら、①を加えて2分ほど炒める。Ⓐを加えて煮立ったら水溶き片栗粉を加えてとろみがつくまで煮る。

③ ボウルに卵を溶きほぐし、Ⓑを加えて混ぜ、2つのボウルに分ける。

④ フライパンにサラダ油小さじ1を熱し、③の片方のボウルの卵液1/3量を流し入れて全体に広げる。両端を内側に折り、焼きのり1枚をのせて手前から巻く。

⑤ ④の工程を焼きのりはのせずに残り2回繰り返して取り出す。

⑥ もう片方のボウルの卵液も④、⑤と同様に作り、2本の卵焼きを5切れずつに切る。

冷凍する

食べるときは…

凍ったままのお弁当箱に保冷剤をつけて持って行く。電子レンジで7分加熱する。
※加熱が足りない場合は30秒ずつ追加して加熱してください。

盛りつける ×5個

ごはんを保存容器に5個に分け、1/3スペースを空けて詰める。ごはんの上に②をのせて小ねぎを散らし、空いているスペースに⑥を詰める。

魚冷凍弁当①
のり弁当

鮭、磯辺焼きにしたちくわ、ピーマンで見た目もボリュームも満点！
食べたらこの値段と思えない満足感にびっくりするはず。
のり弁当らしく、ごはんに削り節としょうゆをかけるのもポイントです。

冷蔵 2日　冷凍 10日

平日5日分のお弁当作りスタート！！

ごはんを炊く → 買い物に行こう！

買い物リスト

鮭（切り身）…5切れ	¥687
削り節（個包装タイプ）…1袋	¥108
ちくわ…5本	¥106
焼きのり（半切り）…1袋	¥108
ピーマン…1袋（5個）	¥198

¥1207（税込）

材料（5回分）

米…3合
鮭…5切れ
ちくわ…5本
ピーマン…1袋（5個）
Ⓐ ┌ 水…大さじ4
　 │ 小麦粉…大さじ3
　 └ 青のり…小さじ2
塩…適量
削り節（個包装タイプ）
　…2パック
しょうゆ…適量
焼きのり（半切り）…4枚
サラダ油
　…大さじ1＋大さじ2

調理スタート！！

① 材料を切る

ちくわは斜め半分に切り、ピーマンは太めのせん切りにする。

② 鮭を焼く

フライパンにサラダ油大さじ1を熱し、鮭を入れて両面こんがりと焼いて取り出す。

×5個

盛りつける

冷凍する

ごはんを保存容器に5個に分けて盛る。削り節を散らし、しょうゆをかける。のりは保存容器に合わせて切り、切れ端も使って5個に分けてのせ、②、③をのせる。

食べるときは…

凍ったままのお弁当箱に保冷剤をつけて持って行く。電子レンジで7分加熱する。

※加熱が足りない場合は30秒ずつ追加して加熱してください。

③ ちくわとピーマンを焼く

ボウルに🅐を入れて混ぜ合わせ、ちくわを加えて絡める。②のフライパンをきれいにしてサラダ油大さじ2を熱し、ちくわを入れて3分ほど揚げ焼きにする。フライパンの端にピーマンを入れて2分ほど炒め、塩をふる。

副菜の卵焼き、
しし唐辛子、紅しょうがで
見た目も華やか！

魚冷凍弁当②

塩さばのごまダレ
＆卵焼き弁当

甘辛のごまダレを一口大の塩さばにのせたお弁当。
口の中でごまの風味がふわっと広がってクセになる！

冷蔵	冷凍
2日	**10**日

平日5日分のお弁当作りスタート！！

ごはんを炊く

買い物に行こう！

買い物リスト

塩さば（切り身）…3切れ	¥495
しし唐辛子…1パック	¥214
紅しょうが…1袋	¥105
卵…6個	¥218

¥1032（税込）

調理スタート！！

材料（5回分）

米…3合
塩さば（切り身）…3切れ
しし唐辛子…1パック
卵…6個
Ⓐ［砂糖・白だし・水…各大さじ2］
Ⓑ［白すりごま…大さじ3
　　砂糖・しょうゆ・みそ…各大さじ1］
サラダ油…適量
紅しょうが…1袋

作り方

① 塩さばは全部で15切れになるようにそぎ切りにする。

② オーブントースターの受け皿にアルミホイルを敷いてサラダ油を塗る。しし唐辛子を並べ、少し焦げ目がつくまで焼いて取り出す。同じアルミホイルに①を並べ、7～8分焼く。

③ 耐熱ボウルに卵を溶きほぐし、Ⓐを加えてよく混ぜ、2つのボウルに分ける。

④ 保存容器にラップを大きめに敷いて③の片方のボウルの卵液を流し入れる。電子レンジで1分加熱し、全体をよく混ぜてさらに1分加熱する。ラップごと保存容器から取り出し、卵を手前から巻いて卵焼きの形に整え、ラップをしたまま冷ます。もう片方のボウルの卵液も同様に作り、2本の卵焼きを5切れずつに切る。

卵焼きはレンチンで作る方法で簡単に！

冷凍する

盛りつける ×5個

ごはんを保存容器に5個に分け、1/3スペースを空けて詰める。ごはんの上に②、5等分にした紅しょうがをのせて塩さばに混ぜ合わせたⒷをかける。空いているスペースに④を詰める。

食べるときは…

凍ったままのお弁当箱に保冷剤をつけて持って行く。電子レンジで7分加熱する。

※加熱が足りない場合は30秒ずつ追加して加熱してください。

魚冷凍弁当③

えびチリ弁当

えびは背ワタ下処理済みのものを使用すると時短に！
香味野菜をしっかり炒めることでおいしく仕上がります。

贅沢なえびを使っても
材料は3つだけなので
1食200円で作れる！

| 冷蔵 2日 | 冷凍 10日 |

平日5日分のお弁当作りスタート！！

ごはんを炊く

買い物に行こう！

買い物リスト

冷凍むきえび（背ワタ処理済みのもの）…1袋	¥678
長ねぎ…1本	¥108
冷凍ブロッコリー…1袋	¥181

¥967 （税込）

調理スタート！！

材料（5回分）

- 米…3合
- 冷凍むきえび（背ワタ処理済みのもの）…300g
- 長ねぎ…1本
- Ⓐ
  - 水…200mℓ
  - トマトケチャップ…大さじ3
  - 鶏がらスープの素…小さじ2
  - すりおろしにんにく・すりおろししょうが・豆板醤…各小さじ1
- 水溶き片栗粉…水大さじ4＋片栗粉大さじ2
- 冷凍ブロッコリー…200g
- ごま油…大さじ1

作り方

① えびは解凍する。長ねぎはみじん切りにする。

② フライパンにごま油を熱し、①を入れて炒める。えびの色が変わったらⒶを加え、煮立ったら水溶き片栗粉を加え、とろみがつくまで煮る。

盛りつける ×5個

ごはんを保存容器に5個に分けて盛り、①をのせて凍ったままのブロッコリーをのせる。

冷凍する

食べるときは…

凍ったままのお弁当箱に保冷剤をつけて持って行く。電子レンジで7分加熱する。

※加熱が足りない場合は30秒ずつ追加して加熱してください。

えびチリは焼きそばめんにのせるのもおすすめです！

魚冷凍弁当④

鮭のパン粉マヨネーズ焼き
＆きのこマリネ弁当

鮭のうま味、マリネの酸味、ミニトマトの甘みで味のバリエ豊かなお弁当。
焼いたミニトマトは甘みが増して美味。

冷蔵
2日

冷凍
10日

鮭は小さい2切れでも
パン粉とマヨネーズで
食べ応え十分！

平日5日分のお弁当作りスタート！！

ごはんを炊く

買い物に行こう！

買い物リスト

鮭（切り身）…3切れ	¥413
ミニトマト…1パック	¥322
しめじ…1パック	¥108
えのき…1パック	¥64

¥907（税込）

調理スタート！！

材料（5回分）

米…3合
鮭（切り身）…3切れ
ミニトマト…1パック
しめじ…1パック
えのき…1パック
塩…適量
Ⓐ　パン粉…大さじ2
　　オリーブ油…大さじ1
Ⓑ　酢…大さじ2
　　オリーブ油…大さじ1
　　すりおろしにんにく…小さじ1
　　塩・こしょう…各適量
オリーブ油…適量＋大さじ1
マヨネーズ…適量

作り方

① 鮭は全部で10切れになるようにそぎ切りにする。ミニトマトは半分に切る。しめじは根元を切り落としてほぐし、えのきは根元を切り落として半分に切る。

② オーブントースターの受け皿にアルミホイルを敷いてオリーブ油適量を塗る。ミニトマトを並べ、塩をふってオリーブ油大さじ1をかける。軽く焦げ目がつくまで焼いて取り出す。同じアルミホイルに鮭を並べ、Ⓐをかけて7～8分焼く。

③ 耐熱ボウルにしめじ、えのきを入れ、ふんわりとラップをして電子レンジで3分加熱する。かき混ぜ、Ⓑを加えて和える。

盛りつける ×5個

ごはんを保存容器に5個に分け、1/3スペースを空けて盛り、小分けカップに③を入れて空いたスペースに入れる。ごはんの上に鮭をのせ、マヨネーズをかけて横にミニトマトをのせる。

冷凍する

食べるときは…

凍ったままのお弁当箱に保冷剤をつけて持って行く。電子レンジで7分加熱する。

※加熱が足りない場合は30秒ずつ追加して加熱してください。

魚冷凍弁当⑤
さばのパエリア風弁当

材料を入れて炊飯するだけでできる簡単パエリア風！
トマトの酸味とカレー味のごはんにさば缶のうま味がしみておいしい。

冷蔵 2日 **冷凍 10日**

炊飯器に材料を入れて炊くだけで簡単 カレーの香りが食欲をそそる！

平日5日分のお弁当作りスタート！！

買い物に行こう！

買い物リスト

さば缶…1缶	¥117
いんげん…1袋	¥268
玉ねぎ…1個	¥97
トマトジュース…200mℓ	¥96
カレールウ…1箱	¥160

¥738（税込）

材料（5回分）

米…3合
さば缶…1缶
玉ねぎ…1個
カレールウ…1かけ（25g）
Ⓐ
- トマトジュース…200mℓ
- トマトケチャップ…大さじ2
- 顆粒コンソメ…小さじ2
- 塩…小さじ1/2

水…適量
いんげん…150g
塩…適量
乾燥パセリ…適量

調理スタート！！

作り方

① 玉ねぎはみじん切りにする。カレールウは細かく刻む。

② 炊飯器に研いだ米、さば（缶汁ごと）、①、Ⓐ、3合の目盛りまで水を入れ、ひと混ぜして普通モードで炊く。炊き上がったらよく混ぜて蒸らす。

③ いんげんは3分ほどゆで、ザルにあげて水けをきる。半分に切り、塩をふる。

盛りつける ×5個

②を保存容器に5個に分け、1/4スペースを空けて詰め、パセリをふる。空いているスペースに③を入れる。

冷凍する

食べるときは…

凍ったままのお弁当箱に保冷剤をつけて持って行く。電子レンジで6分30秒加熱する。
※加熱が足りない場合は30秒ずつ追加して加熱してください。

> カレールウはそのままだと混ざりにくいので刻んで加えるのがポイント！

魚冷凍弁当⑥
ガーリックシュリンプ弁当

えびのうま味をにんにくの風味が引き立てるお弁当。
味つけは塩とこしょうだけと思えないおいしさです。

えびがプリプリ！
ビタミンカラーとにんにく
風味でごはんが進む！

冷蔵
2日

冷凍
10日

平日5日分のお弁当作りスタート！！

ごはんを炊く

買い物に行こう！

買い物リスト

冷凍むきえび（背ワタ処理済みのもの）…1袋	¥678
にんにく…1玉	¥193
パプリカ（赤）…1個	¥158
パプリカ（黄）…1個	¥158

¥1187（税込）

調理スタート！！

材料（5回分）

- 米…3合
- 冷凍むきえび（背ワタ処理済みのもの）…300g
- Ⓐ 酒…大さじ2
  　塩・こしょう…各適量
- にんにく…1玉
- パプリカ（赤・黄）…各1個
- 塩…適量
- オリーブ油…大さじ2
- 粗びき黒こしょう・乾燥パセリ…各適量

作り方

1. えびは解凍してⒶをまぶす。にんにくは粗みじん切りにし、パプリカは乱切りにする。
2. フライパンにオリーブ油、にんにくを入れて火にかけ、にんにくに薄く焼き色がついたらえびを加える。えびの色が変わったらパプリカを加え、2分ほど炒めて塩で味を調える。

盛りつける ×5個

ごはんを保存容器に5個に分けて盛り、②をのせて粗びき黒こしょう、パセリをふる。

冷凍する

食べるときは…

凍ったままのお弁当箱に保冷剤をつけて持って行く。電子レンジで7分加熱する。

※加熱が足りない場合は30秒ずつ追加して加熱してください。

> えびはかたくなりやすいので炒めすぎには注意しましょう！

column2

気分に合わせて楽しむ！
おにぎり弁当

りんさんが選ぶ気分に合わせたおにぎり弁当の組み合わせ例をご紹介！
「今日はガッツリ食べたい！」「野菜多めでヘルシーにしたいな…。」など、
その日の気分に合わせてテーマを決めるだけで、ランチタイムがもっと楽しくなること間違いなし。
みなさんもテーマを決めて、お弁当作りを楽しんでみてください！

おにぎり弁当の楽しみ方

さまざまな種類のおにぎりとおかずをまとめて作って冷凍しておけば、朝は冷凍庫から取り出してお弁当箱に詰めるだけでラクチン！ ごはんを3合炊いて9個（3種類×3）のおにぎりが作れます。一度で量も種類もたくさん作れるので、飽きることがなく、「今日はどのおにぎりにしよう？」と、選ぶワクワク感も生まれます。また、具材や味のバリエーションもつけやすいので、自分だけのお気に入りのおにぎりを見つけてみてください。のりを一緒に持って行き、食べるときに巻くなど、食べ方も変えてみるのもおすすめです。そして、おにぎり弁当は、ランチだけでなく夜ごはんにも大活躍します。疲れて帰った日も、冷凍庫におにぎりとおかずがあれば、その日にごはんを作らずに、レンチンするだけでおいしい夜ごはんが完成します。ライフスタイルに合わせて、いつでも手軽に楽しめるのも魅力です。

おにぎり弁当の冷凍・解凍のコツ

● **しっかり粗熱を取ってからラップで包む**

温かいごはんでおにぎりを作ったら、冷凍するまでにしっかり粗熱を取ることが大切です。そうすることで、水分が抜けるので、解凍後にベチャッとするのを防ぎます。また、ラップで包むときは、空気が入らないように包むことで、乾燥を防いでふっくらとしたおいしさを保てます。急速冷凍ができるよう、冷凍庫の上段などのよく冷えている場所で冷凍するのもおすすめです。

● **ラップをしたまま1個ずつレンチン**

おにぎりは、自然解凍せずにレンチンして冷ましてから持ち運ぶのが基本です。ラップをしたまま1個につき電子レンジで1分30秒加熱し、ひっくり返してさらに1分30秒加熱を目安に。

● **おかずを小分けカップで冷凍**

100均で手に入るかわいい小分けカップを使うのがおすすめです！ おかずは1回分ずつに分けて小分けにして冷凍することで、食べたい分だけ取り出すことができるので便利です。カラフルなカップを使えば、見た目も華やかになるので、気分が上がりますよ！

● **凍ったままトースターでリメイク**

凍ったおにぎりをトースターで焼きおにぎりにすると、一味違ったおいしさを楽しめます。 表面にしょうゆやバター少量を塗ってアレンジするのもおすすめです。

焼きおにぎり（P98）

ツナマヨ＆粗びき黒こしょう
おにぎり（P99）

かぼちゃの
鶏そぼろあん（P104）

チキンライスおにぎり（P100）

豚団子の甘酢あん（P102）

おにぎり弁当①

ガッツリ弁当

味の種類が異なるおにぎり3個と、2種のひき肉料理でボリューム満点！
運動量が多いときや、朝が少なめだったときなどにおすすめです。
豚団子の甘ずっぱさや小ねぎが全体のよいアクセントに。

れんこんとひじきの和風サラダ（P104）

紅しょうが＆刻みねぎ＆
黒ごまおにぎり（P98）

だし巻き卵焼き（P103）

| おにぎり弁当②

軽めの日弁当

見た目も味わいもさわやかなおにぎりは軽めにしたい日のお弁当にぴったりです。
だし巻き卵、和風サラダの滋味深さで満足感は◎
食べ過ぎた次の日や、夜に外食の予定があるときなどに。

鮭＆枝豆おにぎり（P98）

やみつきおにぎり（P100）

チキン南蛮（P102）

かにかま卵焼き（P103）

おにぎり弁当③

たんぱく質多め弁当

枝豆は彩りや食感をプラスするだけでなく、植物性のたんぱく質もとれます。
鮭、かにかま、枝豆、鶏むね肉と、ヘルシーな食材でたんぱく質をとれるお弁当。
意識してたんぱく質をとりたいときに。

鮭&卵おにぎり（P101）

ねぎ卵焼き（P103）

バターコーンおにぎり（P101）

にんじんしりしり炒め（P105）

ちくわとピーマンのきんぴら（P105）

おにぎり弁当④
彩り野菜弁当

黄、オレンジ、緑のカラフルな見た目に気分も上がる組み合わせ。
野菜だけでなく、魚の栄養もとれます。
滋味深いおかずにバターコーンおにぎりがよいアクセント。

のり卵焼き（P103）
豚肉だけ巻き（P102）

韓国のりおにぎり（P101）

にんじんナムル
おにぎり（P99）

麻婆なす（P104）

おにぎり弁当⑤

韓国気分弁当

やさしい味に飽きてきたら、このパンチのきいた組み合わせで！
全体に香るごま油で韓国料理の外食気分に。
やさしい味わいのにんじんナムルおにぎりが味の濃いおかずと相性◎

おにぎりアラカルト

冷蔵 2日 / 冷凍 10日

食べるときは、おにぎり1個につき電子レンジで1分30秒加熱し、ひっくり返してさらに1分30秒加熱してください。

鮭&枝豆おにぎり

鮭のうま味と枝豆の食感を楽しんで

材料（作りやすい分量）

温かいごはん … 1合分
冷凍むき枝豆※ … 大さじ4
鮭フレーク … 大さじ3
塩 … 少々

※枝豆は要加熱のものは袋の表記通りに加熱してください。

作り方

1. 冷凍むき枝豆は解凍する。
2. ボウルに全ての材料を入れて混ぜ合わせ、3等分にしておにぎり型に握る。

焼きおにぎり

材料（作りやすい分量）

温かいごはん … 1合分
削り節 … 1パック
しょうゆ・みりん・ごま油 … 各大さじ1

作り方

1. ボウルに全ての材料を入れて混ぜ合わせ、3等分にしておにぎり型に握る。
2. テフロン加工のフライパンに①を並べて火にかけ、両面焦げ目がつくまで焼く。

食べるときにトースターで再び焼くと美味！

紅しょうが&刻みねぎ&黒ごまおにぎり

見た目も可愛いさっぱりおにぎり

材料（作りやすい分量）

温かいごはん … 1合分
紅しょうが・小ねぎパック … 各大さじ3
黒いりごま … 大さじ1
塩 … 少々

作り方

1. ボウルに全ての材料を入れて混ぜ合わせ、3等分にしておにぎり型に握る。

ツナマヨ＆粗びき黒こしょうおにぎり

お弁当に緑がほしいときにもおすすめ

材料（作りやすい分量）

温かいごはん … 1合分
ツナ缶（油漬け）… 1/2缶（35g）
マヨネーズ … 大さじ1
小ねぎパック … 大さじ4
塩 … 適量
粗びき黒こしょう … 適量

作り方

① ツナ缶は汁けをきってボウルに入れ、マヨネーズを加えて混ぜる。

② 別のボウルに温かいごはん、小ねぎ、塩を入れて混ぜ合わせ、3等分にしておにぎり型に握る。

③ 中央をへこませて①をのせ、その上に粗びき黒こしょうをふる。

にんじんナムルおにぎり

材料（作りやすい分量）

温かいごはん … 1合分
にんじん … 1/2本
A ┌ 白すりごま … 大さじ2
　├ ごま油 … 小さじ2
　└ 塩 … 少々

すりごまとごま油の風味で食欲増進

作り方

① にんじんはせん切りにする。

② 耐熱ボウルに①を入れてふんわりとラップをし、電子レンジで2分加熱し、Aを加えて混ぜ合わせる。

③ ②に温かいごはんを加えて混ぜ合わせ、3等分にしておにぎり型に握る。

おにぎりアラカルト

食べるときは、おにぎり1個につき電子レンジで1分30秒加熱し、ひっくり返してさらに1分30秒加熱してください。

やみつきおにぎり

塩昆布と削り節のダブルのうま味！

材料（作りやすい分量）

温かいごはん … 1合分
ツナ缶（油漬け）… ½缶（35g）
塩昆布・小ねぎパック … 各大さじ2
削り節 … 1パック
しょうゆ・ごま油 … 各小さじ2

作り方

① ツナ缶は汁けをきる。

② ボウルに全ての材料を入れて混ぜ合わせ、3等分にしておにぎり型に握る。

チキンライスおにぎり

材料（作りやすい分量）

温かいごはん … 1合分
ウインナー … 2本
トマトケチャップ・ホールコーン … 各大さじ3
バター … 8g
塩・こしょう … 各少々

作り方

① ウインナーは輪切りにし、電子レンジで1分加熱する。

② ボウルに全ての材料を入れて混ぜ合わせ、3等分にしておにぎり型に握る。

みんな大好きチキンライスをおにぎりで

韓国のりおにぎり

のりの塩けとごま油の風味が絶品

材料（作りやすい分量）

温かいごはん … 1合分
韓国のり … 1パック
白いりごま … 大さじ2
ごま油 … 小さじ2
塩 … 少々

作り方

① 韓国のりはちぎる。

② ボウルに全ての材料を入れて混ぜ合わせ、3等分にしておにぎり型に握る。

バターコーンおにぎり

材料（作りやすい分量）

温かいごはん … 1合分
ホールコーン … 大さじ4
乾燥パセリ … 小さじ2
バター … 8g
塩 … 少々

作り方

① ボウルに全ての材料を入れて混ぜ合わせ、3等分にしておにぎり型に握る。

シャキシャキコーンで洋風仕立て

鮭＆卵おにぎり

おいしくたんぱく質がとれるおにぎり

材料（作りやすい分量）

温かいごはん … 1合分
鮭フレーク … 大さじ3
Ⓐ 卵 … 2個
　 砂糖・白だし … 各小さじ2

作り方

① 耐熱ボウルにⒶを入れて混ぜ合わせ、ラップをせずに電子レンジで2分加熱してよく混ぜる。再び1分加熱して混ぜる。

② ①に温かいごはん、鮭フレークを入れて混ぜ合わせ、3等分にしておにぎり型に握る。

| おかず アラカルト | 冷蔵 2日 | 冷凍 10日 |

食べるときは、電子レンジで1分30秒加熱してください。

チキン南蛮

片栗粉でむね肉のパサつきも軽減

材料（作りやすい分量）

鶏むね肉 … 1枚
Ⓐ[酒・みりん … 各大さじ1
片栗粉 … 大さじ2
Ⓑ[砂糖・しょうゆ・酢 … 各大さじ2
サラダ油 … 大さじ1
マヨネーズ・粗びき黒こしょう・小ねぎパック … 各適量

作り方

① 鶏肉はそぎ切りにしてⒶを揉み込み、片栗粉をまぶす。

② フライパンにサラダ油を熱し、①を入れて両面焼き色がつくまで焼き、Ⓑを加えて絡める。

③ 小分けカップに②を盛り、マヨネーズをかけて粗びき黒こしょうをふり、小ねぎを散らす。

豚団子の甘酢あん

材料（作りやすい分量）

豚ひき肉 … 200g
長ねぎ … ½本
パプリカ（赤・黄）… 合わせて50g
Ⓐ[片栗粉 … 大さじ2
　 マヨネーズ … 大さじ1
　 しょうゆ … 小さじ1
Ⓑ[水 … 100ml
　 トマトケチャップ … 大さじ2
　 砂糖・オイスターソース・
　 　片栗粉 … 各小さじ2
サラダ油 … 小さじ1

作り方

① 長ねぎはみじん切りにし、パプリカは乱切りにする。

② ボウルにひき肉、長ねぎ、Ⓐを入れてよく混ぜ、一口大の平たい丸型に成形する。

③ フライパンにサラダ油を熱し、②を入れて両面焼き色がつくまで焼く。Ⓑを加えて混ぜながらとろみがついたらパプリカを加えて2分ほど煮る。

甘ずっぱさがやみつきに！

豚肉だけ巻き

コロンとした見た目も食べ応えも◎

材料（作りやすい分量）

豚バラ薄切り肉 … 100g
塩・こしょう … 各適量
片栗粉 … 適量
焼き肉のタレ … 大さじ2
ごま油 … 大さじ1
白いりごま … 適量

作り方

① 豚肉は半分の長さに切り、塩、こしょうをふって片栗粉をまぶし、端から巻く。

② フライパンにごま油を熱し、①を入れて転がしながら焼き色がつくまで焼き、焼き肉のタレを加えて絡める。小分けカップに盛り、白いりごまをふる。

だし巻き卵焼き
だし香る基本の卵焼き

材料（作りやすい分量）
卵…2個
A [水…大さじ2
　　砂糖・白だし…各大さじ1]
サラダ油…小さじ3

作り方
① ボウルに卵を溶きほぐし、Aを加えてよく混ぜる。
② フライパンにサラダ油小さじ1を熱し、①の1/3量を流し入れて全体に広げる。両端を内側に折り、手前から巻く。
③ ②の工程を残り2回繰り返して取り出し、6切れに切る。

のり卵焼き
気分が上がる可愛い見た目

材料（作りやすい分量）
卵…2個
A [水…大さじ2
　　砂糖・白だし…各大さじ1]
焼きのり（半切り）…1枚
サラダ油…小さじ3

作り方
① ボウルに卵を溶きほぐし、Aを加えてよく混ぜる。
② フライパンにサラダ油小さじ1を熱し、①の1/3量を流し入れて全体に広げ、焼きのりをのせる。両端を内側に折り、手前から巻く。
③ ②の工程を焼きのりはのせずに残り2回繰り返して取り出し、6切れに切る。

ねぎ卵焼き
緑が入って彩りアップ

材料（作りやすい分量）
卵…2個
A [小ねぎパック…大さじ3
　　水…大さじ2
　　砂糖・白だし…各大さじ1]
サラダ油…小さじ3

作り方
① ボウルに卵を溶きほぐし、Aを加えてよく混ぜる。
② フライパンにサラダ油小さじ1を熱し、①の1/3量を流し入れて全体に広げる。両端を内側に折り、手前から巻く。
③ ②の工程を残り2回繰り返して取り出し、6切れに切る。

かにかま卵焼き
たんぱく質がほしいときにも

材料（作りやすい分量）
卵…2個
かに風味かまぼこ…6本
小ねぎパック…適量
A [水…大さじ2
　　砂糖・白だし…各大さじ1]
サラダ油…小さじ3

作り方
① ボウルに卵を溶きほぐし、Aを加えてよく混ぜる。
② フライパンにサラダ油小さじ1を熱し、①の1/3量を流し入れて全体に広げる。両端を内側に折り、手前にかに風味かまぼこをのせて小ねぎを散らし、手前から巻く。
③ ②の工程をかに風味かまぼこと小ねぎはのせずに残り2回繰り返して取り出し、6切れに切る。

| おかず | ア | ラ | カ | ル | ト |　食べるときは、電子レンジで1分30秒加熱してください。

かぼちゃの鶏そぼろあん

とろみをつけてあんを絡めて

材料（作りやすい分量）

かぼちゃ … 1/8個（200g）
鶏ひき肉 … 100g
A ┃ 水 … 150ml
　┃ めんつゆ … 大さじ2
　┃ 砂糖・片栗粉
　┃ 　… 各小さじ2
　┃ すりおろししょうが
　┃ 　… 少々

作り方

① かぼちゃは乱切りにして耐熱ボウルに入れ、ふんわりとラップをして電子レンジで3分加熱して小分けカップに盛る。

② 別の耐熱ボウルにひき肉、Ⓐを入れてよく混ぜ、ふんわりとラップをして電子レンジで2分加熱する。よく混ぜてさらに1分加熱し、①にかける。

麻婆なす

材料（作りやすい分量）

なす … 2本
豚ひき肉 … 100g
長ねぎ … 1/2本
A ┃ みそ・みりん … 各大さじ1
　┃ 砂糖・しょうゆ・豆板醤
　┃ 　… 各小さじ1
　┃ すりおろししょうが … 適量
ごま油 … 小さじ2

作り方

① なすは乱切りにして水に3分ほどさらし、ザルにあげる。長ねぎは小口切りにする。

② フライパンにごま油を熱し、ひき肉を入れて炒める。ひき肉の色が変わったら①を加えて2〜3分炒め、Ⓐを加えて汁けがなくなるまで炒める。

うま辛味でごはんが進む！

れんこんとひじきの和風サラダ

市販品を使ってパパッと一品！

材料（作りやすい分量）

れんこん（水煮） … 100g
ひじきの煮物（市販） … 40g
冷凍むき枝豆※ … 30g
マヨネーズ … 大さじ2

※枝豆は要加熱のものは袋の表記通りに加熱してください。

作り方

① れんこんは汁けをきり、半月切りにする。ひじきの煮物は汁けをきる。冷凍むき枝豆は解凍する。

② ボウルに全ての材料を入れて和える。

ちくわとピーマンのきんぴら

材料（作りやすい分量）

ちくわ…2本
ピーマン…2個
Ⓐ[砂糖・しょうゆ・みりん…各大さじ1
ごま油…小さじ1

作り方

① ちくわ、ピーマンは太めのせん切りにする。

② フライパンにごま油を熱し、①を入れて2分ほど炒め、Ⓐを加えて汁けがなくなるまで炒める。

ちくわとピーマンの相性◎

にんじんしりしり炒め

材料（作りやすい分量）

にんじん…2本
卵…2個
Ⓐ[しょうゆ…小さじ2
　　砂糖…小さじ1

作り方

① にんじんはせん切りにする。耐熱ボウルに入れ、ふんわりとラップをして電子レンジで2分加熱する。

② ①に卵を割り入れてよく混ぜ、ふんわりとラップをして電子レンジで1分加熱する。半熟状になったらそのまま3分ほど置き、余熱で火を通す。Ⓐを加えて全体を混ぜ合わせる。

あると嬉しいオレンジおかず

めん冷凍弁当①

きのこ豆乳クリームパスタ弁当

きのことひき肉のうま味がソースに溶け込んだ絶品パスタ。
鶏ひき肉と豆乳を使うことで、コクはありつつヘルシーでやさしい味わいに。
片栗粉でとろみをつけるのがお弁当に入れるときのポイントです。

冷蔵 2日　冷凍 10日

平日5日分のお弁当作りスタート!!

買い物に行こう！

買い物リスト

スパゲッティ…1袋	¥185
鶏ひき肉…約200g	¥198
しいたけ…1パック	¥116
しめじ…1パック	¥108
豆乳…500㎖	¥203

¥810（税込）

材料（5回分）

スパゲッティ…400g
しめじ…1パック
しいたけ…1パック
鶏ひき肉…約200g
Ⓐ ┌ 豆乳…500㎖
　 │ 顆粒コンソメ…小さじ2
　 └ しょうゆ…小さじ1
水溶き片栗粉…水大さじ4＋片栗粉大さじ2
塩・こしょう…各適量
オリーブ油…大さじ1＋大さじ1
乾燥パセリ…適量

調理スタート!!

① 材料を切る

しめじは根元を切り落としてほぐし、しいたけは根元を切り落として薄切りにする。

② スパゲッティをゆでる

鍋に3ℓの湯（分量外）を沸かし、湯の3％の塩（分量外）、スパゲッティを入れる。袋の表記通りの時間ゆでてザルにあげ、オリーブ油大さじ1を絡める。

盛りつける

保存容器に½スペースを空けて②を詰める。空いているスペースにクッキングペーパーを大きめに敷き、③を入れてその上にパセリをふる。

③ 煮る

フライパンにオリーブ油大さじ1を熱し、ひき肉を入れて炒める。鶏肉の色が変わったら①を加えて2分ほど炒める。❹を加えて強火にし、煮立ったら水溶き片栗粉を加え、とろみがつくまで煮て塩、こしょうで味を調える。

× 5個

冷凍する

食べるときは…

凍ったままのお弁当箱に保冷剤をつけて持って行く。電子レンジで6分加熱してきのこソースをパスタにかけていただく。

※加熱が足りない場合は30秒ずつ追加して加熱してください。

109

色移りが心配な方は
保存容器に
ラップを敷けば安心！

めん冷凍弁当②
ナポリタン弁当

ナポリタンはめんがやわらかくなってもおいしいので、冷凍弁当にぴったりです。ケチャップをしっかり焼くことでさらにおいしく。

冷蔵 **2**日　冷凍 **10**日

平日5日分のお弁当作りスタート！！

買い物に行こう！

買い物リスト

スパゲッティ…1袋	¥185
ベーコン…1パック	¥97
玉ねぎ…1個	¥97
ピーマン…1袋（5個）	¥198

¥577 （税込）

材料（5回分）

スパゲッティ … 400g
玉ねぎ … 1個
ピーマン … 1袋（5個）
ベーコン … 1パック
Ⓐ ┌ トマトケチャップ … 大さじ8
　 │ 顆粒コンソメ … 小さじ2
　 └ 塩・こしょう … 各適量
サラダ油 … 大さじ2
粉チーズ … 適量

調理スタート！！

作り方

① 玉ねぎは薄切りにし、ピーマンは乱切りにする。ベーコンは短冊切りにする。

② 鍋に3ℓの湯（分量外）を沸かし、湯の3％の塩（分量外）、スパゲッティを入れる。袋の表記通りの時間ゆでてザルにあげる。

③ フライパンにサラダ油を熱し、①を入れて2分ほど炒め、②、Ⓐを加えて炒め合わせる。

盛りつける ×5個

③を保存容器に5個に分けて盛り、粉チーズをふる。

冷凍する

食べるときは…

凍ったままのお弁当箱に保冷剤をつけて持って行く。電子レンジで6分加熱する。

※加熱が足りない場合は30秒ずつ追加して加熱してください。

野菜はシャキッと感が残るように炒めすぎないようにしましょう！

めん冷凍弁当③

ペンネの
ミートボール弁当

にんにくをきかせたジューシーなミートボールがおいしい！
うま味が溶け込んだトマトソースをペンネに絡めて召し上がれ。

食べやすくてお弁当に
ぴったりなペンネ！
ボリューミーで
満足感も◎

冷蔵 **2**日　冷凍 **10**日

平日5日分のお弁当作りスタート！！

買い物に行こう！

買い物リスト

ペンネ…1袋	¥139
豚ひき肉…約200g	¥172
玉ねぎ…1個	¥97
トマトソース缶…2缶（295g×2）	¥230×2
冷凍ブロッコリー…1袋	¥181

¥1049（税込）

材料（5回分）

ペンネ … 400g
玉ねぎ … 1個
豚ひき肉 … 200g
Ⓐ ┌ 小麦粉 … 大さじ3
　 │ マヨネーズ … 大さじ1
　 │ すりおろしにんにく・塩・
　 └ 　こしょう … 各適量
トマトソース缶 … 2缶（295g×2）
冷凍ブロッコリー … 200g
オリーブ油 … 大さじ1

調理スタート！！

作り方

① 玉ねぎはみじん切りにする。

② 鍋に3ℓの湯（分量外）を沸かし、湯の3％の塩（分量外）、ペンネを入れる。袋の表記通りの時間ゆでてザルにあげ、オリーブ油を絡める。

③ ボウルに①、ひき肉、Ⓐを入れてスプーンでよく混ぜ、10等分に丸く成形する。

④ フライパンにトマトソース缶を入れて4分ほど加熱する。③を加えて蓋をし、3分ほど煮る。

盛りつける ×5個

②を保存容器に5個に分けて盛り、④をかけて凍ったままのブロッコリーを添える。

冷凍する

食べるときは…

凍ったままのお弁当箱に保冷剤をつけて持って行く。電子レンジで6分加熱する。

※加熱が足りない場合は30秒ずつ追加して加熱してください。

ミートボールはスプーンですくって入れるだけで簡単！

めん冷凍弁当④

カルボナーラ弁当

ピザ用チーズと粉チーズのダブル使いでしっかりコクうまのカルボナーラです。
温泉卵は解凍後にのせてパスタに絡めて！

冷蔵 2日　冷凍 10日

卵がとろ〜り
からんでおいしい！
やみつきになるお弁当

平日5日分のお弁当作りスタート！！

買い物に行こう！

買い物リスト

スパゲッティ…1袋	¥185
ベーコン…1パック	¥97
玉ねぎ…1個	¥97
温泉卵…1パック（5個入り）	¥179
卵…6個	¥218
牛乳…200ml	¥117
ピザ用チーズ…100g	¥218

¥1111（税込）

材料（5回分）

スパゲッティ…400g
玉ねぎ…1個
ベーコン…1パック
Ⓐ　卵…6個
　　牛乳…200ml
　　ピザ用チーズ…100g
　　粉チーズ…大さじ3
　　塩・こしょう…各少々
温泉卵…5個
オリーブ油…大さじ1＋大さじ1
乾燥パセリ・粗びき黒こしょう…各適量

調理スタート！！

作り方

① 玉ねぎは薄切りにし、ベーコンは短冊切りにする。ボウルにⒶを入れてよく混ぜ合わせる。

② 鍋に3ℓの湯（分量外）を沸かし、湯の3％の塩（分量外）、スパゲッティを入れる。袋の表記通りの時間ゆでてザルにあげ、オリーブ油大さじ1を加えて絡める。

③ フライパンにオリーブ油大さじ1を熱し、玉ねぎ、ベーコンを入れて3分ほど炒める。Ⓐを加えて時々混ぜながら加熱し、チーズが溶けて卵が半熟になり、全体がクリーム状になったら②を加えて和える。

温泉卵は別に持っていき、レンチンしたお弁当にのせて食べましょう！

盛りつける ×5個

③を保存容器に5個に分けて盛り、パセリ、粗びき黒こしょうをふる。

冷凍する

食べるときは…

温泉卵と凍ったままのお弁当箱に保冷剤をつけて一緒に持って行く。電子レンジで6分加熱してから温泉卵をのせていただく。

※加熱が足りない場合は30秒ずつ追加して加熱してください。

溶けたチーズとホワイトソースをマカロニに絡めて！

めん冷凍弁当⑤

ミートソースグラタン弁当

ミートソースに手作りのホワイトソースを合わせてグラタン風に！
普通のミートソースパスタに飽きたときにもおすすめです。

冷蔵 2日　冷凍 10日

平日5日分のお弁当作りスタート！！

買い物に行こう！

買い物リスト

グラタンマカロニ	
…2袋（200g×2）	¥128×2
ミートソース…1袋（260g）	¥184
牛乳…500㎖	¥203
ピザ用チーズ…100g	¥218
バター…1箱	¥214

¥1075（税込）

材料（5回分）

グラタンマカロニ…400g
A [ミートソース…1袋（260g）
    トマトケチャップ…大さじ3]
小麦粉…大さじ4
牛乳…500㎖
B [顆粒コンソメ…小さじ2
    塩・こしょう…各適量]
ピザ用チーズ…100g
バター…40g
乾燥パセリ…適量

調理スタート！！

作り方

① 鍋に3ℓの湯（分量外）を沸かし、湯の3%の塩（分量外）、マカロニを入れる。袋の表記通りの時間ゆでてザルにあげる。鍋に戻し、Ⓐを加えてよく混ぜる。

② 別の鍋にバターを入れて火にかけ、バターが溶けたら小麦粉を加えてだまにならないように混ぜながら炒める。牛乳を少しずつ加え、だまにならないようにその都度、よく混ぜる。全ての牛乳を入れたらとろみがつくまで煮てⒷを加え、味を調える。

市販のミートソースを使えば時短になって簡単に作れます！

盛りつける ×5個

①を保存容器に5個に分けて盛り、②をかけてピザ用チーズをのせ、パセリをふる。

冷凍する

食べるときは…

凍ったままのお弁当箱に保冷剤をつけて持って行く。電子レンジで6分加熱する。

※加熱が足りない場合は30秒ずつ追加して加熱してください。

> めん冷凍弁当⑥

焼きそば弁当

野菜もたっぷり食べられるのが嬉しい焼きそばは冷凍弁当にしても
おいしい！ 分けて炒めることでたっぷりの具材も溢れません。

レンチン後の
香ばしいソースの香りが
食欲そそる！

冷蔵 2日 冷凍 10日

平日5日分のお弁当作りスタート！！

買い物に行こう！

買い物リスト

焼きそばめん（ソースつき）…5玉	¥117
豚こま切れ肉…約200g	¥230
キャベツ…¼個	¥70
ピーマン…1袋（5個）	¥198
紅しょうが…1袋	¥105
もやし…1袋	¥42

¥762（税込）

材料（5回分）

焼きそばめん（ソースつき）…5玉
豚こま切れ肉…200g
キャベツ…¼個
ピーマン…1袋（5個）
もやし…1袋
Ⓐ ┌ 水…大さじ5
　 └ ウスターソース…大さじ1
塩・こしょう…各適量
ウスターソース…大さじ1
サラダ油…大さじ2＋大さじ1
紅しょうが…1袋

調理スタート！！

作り方

① キャベツはざく切りにし、ピーマンは乱切りにする。もやしはひげ根を取り除く。

② フライパンにサラダ油大さじ2を入れ、焼きそばめんを入れて3〜4分炒める。付属のソース3袋、Ⓐを加えて炒める。

③ 別のフライパンにサラダ油大さじ1を熱し、豚肉を入れて炒め、豚肉の色が変わったら塩、こしょうをふる。①を加えて3分ほど炒め、ウスターソース、付属のソース2袋を加えて強火にし、さっと炒める。

保存容器にラップを敷いて盛ったら油汚れがなく、洗うときにラクチンです！

盛りつける ×5個

②を保存容器に5個に分けて盛り、③をのせて紅しょうがを添える。

冷凍する

食べるときは…

凍ったままのお弁当箱に保冷剤をつけて持って行く。電子レンジで6分加熱する。

※加熱が足りない場合は30秒ずつ追加して加熱してください。

| めん冷凍弁当⑦ |

担々めん風弁当

香味豊かなうま辛の肉みそをめんに絡めて食べる、
汁なし担々めん風のお弁当！ やみつきになること間違いなしです。

焼きそばめんは
安くてアレンジも
できて便利！

| 冷蔵 **2**日 | 冷凍 **10**日 |

平日5日分のお弁当作りスタート！！

買い物に行こう！

買い物リスト

焼きそばめん（ソースつき）…5玉	¥117
豚ひき肉…約300g	¥258
小松菜…1袋	¥171
長ねぎ…1本	¥108

¥654（税込）

材料（5回分）

焼きそばめん（ソースつき）…5玉
豚ひき肉…300g
小松菜…1袋
長ねぎ…1本
Ⓐ ┌ 水…大さじ5
　 └ 鶏がらスープの素…小さじ2
Ⓑ ┌ 水…200㎖
　 │ 白すりごま・みそ・オイスターソース・
　 │ 　片栗粉…各大さじ2
　 │ 豆板醤…小さじ2
　 └ すりおろしにんにく…小さじ1
ごま油…大さじ1＋大さじ1
塩・白すりごま・黒すりごま…各適量

調理スタート！！

作り方

① 小松菜は3㎝幅に切り、長ねぎはみじん切りにする。

② フライパンにごま油大さじ1を熱し、焼きそばめんを入れて3〜4分炒める。Ⓐを加えてめんをほぐしながら炒める。

③ 別のフライパンにごま油大さじ1を熱し、長ねぎ、ひき肉を入れて炒める。肉の色が変わったらⒷを加えてよく混ぜながら、全体にとろみがつくまで煮る。

④ 耐熱ボウルに小松菜を入れてふんわりとラップをし、電子レンジで2〜3分加熱し、水けを絞って塩をふる。

焼きそばに鶏がらスープの素で下味をつけるのがポイント！

盛りつける ×5個

②を保存容器に5個に分けて盛り、③をかける。④を添えて白すりごま、黒すりごまをかける。

冷凍する

食べるときは…

凍ったままのお弁当箱に保冷剤をつけて持って行く。電子レンジで6分加熱する。
※加熱が足りない場合は30秒ずつ追加して加熱してください。

めん冷凍弁当⑧

焼きうどん弁当

焼きそばと同じようにうどんと野菜は別で炒めるのがポイント！
ソースとしょうゆのダブル使いでコクうまに。

冷蔵 **2**日　冷凍 **10**日

削り節はレンチン後にかけて風味を引き立てて！

平日5日分のお弁当作りスタート！！

買い物に行こう！

買い物リスト

ゆでうどん…1玉（180g）×5袋	¥38×5
豚こま切れ肉…約200g	¥230
削り節（個包装タイプ）…1袋	¥108
長ねぎ…2本	¥108×2
ピーマン…1袋（5個）	¥198

¥942（税込）

材料（5回分）

ゆでうどん…5玉
豚こま切れ肉…200g
長ねぎ…2本
ピーマン…1袋（5個）
水…大さじ5
Ⓐ［ウスターソース…大さじ4
　　しょうゆ…大さじ3］
塩・こしょう…各適量
Ⓑ［ウスターソース…大さじ2
　　しょうゆ…大さじ1］
ごま油…大さじ2＋大さじ1
削り節（個包装タイプ）…5パック

調理スタート！！

作り方

① 長ねぎは斜め薄切りにし、ピーマンは乱切りにする。

② フライパンにごま油大さじ2を熱し、うどんを入れて炒める。水を加え、うどんがほぐれたらⒶを加えて炒める。

③ 別のフライパンにごま油大さじ1を熱し、豚肉を入れて炒め、豚肉の色が変わったら塩、こしょうで味を調える。①を加えて強火にし、Ⓑを加えて2～3分炒める。

盛りつける ×5個

②を保存容器に5個に分けて盛り、③をのせる。

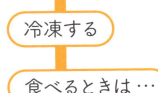

冷凍する

食べるときは…

凍ったままのお弁当箱に保冷剤をつけて削り節と一緒に持って行く。電子レンジで6分加熱し、削り節をかけていただく。

※加熱が足りない場合は30秒ずつ追加して加熱してください。

うどんの上に野菜をのせることで、解凍時にムラなく加熱できます！

> めん冷凍弁当⑨

ドライカレーうどん弁当

カレーもうどんにかければ新鮮に楽しめます。
ラップをかけずにレンチンすることで、水分がとんでお弁当向きに。

冷蔵	冷凍
2日	10日

めんつゆで
だしの風味をプラス
しょうがでキリッと！

平日5日分のお弁当作りスタート！！

買い物に行こう！

買い物リスト

ゆでうどん…1玉（180g）×5袋	¥38×5
豚ひき肉…約300g	¥258
玉ねぎ…1個	¥97
カレールウ…1箱	¥160

¥705（税込）

材料（5回分）

ゆでうどん…5玉
豚ひき肉…300g
玉ねぎ…1個
Ⓐ
- 水…200ml
- カレールウ…2かけ（50g）
- めんつゆ…大さじ2
- トマトケチャップ…大さじ1
- すりおろししょうが…小さじ2

オリーブ油…大さじ1
粉チーズ・粗びき黒こしょう…各適量

調理スタート！！

作り方

① 玉ねぎはみじん切りにする。

② うどんは袋の表記通りの時間ゆでてザルにあげ、オリーブ油を絡める。

③ 耐熱ボウルに①、ひき肉、Ⓐを入れてよく混ぜる。ラップをせずに電子レンジで3分加熱する。一度取り出してよく混ぜ、再び3分加熱する。同様にもう一度繰り返す。

盛りつける ×5個

②を保存容器に5個に分けて入れ、③をかけて粉チーズ、粗びき黒こしょうをふる。

冷凍する

食べるときは…

凍ったままのお弁当箱に保冷剤をつけて持って行く。電子レンジで6分加熱する。

※加熱が足りない場合は30秒ずつ追加して加熱してください。

レンチンで簡単にできるドライカレーはうどんとよく混ぜて召し上がれ！

column3

手軽におしゃれなランチタイムを楽しむ！ パン弁当

「ごはんではなく今日は気分を変えたい…。」そんなときにおすすめなのがパン弁当です！
種類豊富なパンを使って、いつものランチをちょっと特別な時間に。
ここからはりんさんが選んだ組み合わせ例を参考に、
気分やシーンに合わせて自由なアレンジを楽しんでください！

パン弁当の楽しみ方

パン弁当の魅力は、「手軽・おしゃれ・アレンジ自在」なところです！ その日の気分やシーンに合わせて、さまざまな楽しみ方ができます。食パン2枚に、お好みの具材を挟んで3等分にカットすれば、見た目もかわいく、ボリューム感もしっかりあります。食パン8枚切り6枚で9個（3種類×3）のサンドイッチが作れます。冷凍庫にずらっと並べると達成感もあり、毎朝「今日はどのパンにしようかな？」とワクワクしながら選べます。さらに、パン弁当は洋風のおかずと相性抜群！ ハムやチーズ、サラダなどと組み合わせれば、一気におしゃれな洋風ランチが完成します。生野菜は冷凍には不向きなので、入れないように気をつければOK。ごはんのお弁当が続いて少し飽きてきたときに取り入れると、気分も新鮮になりますよ。シンプルに楽しんだり、少し手を加えて華やかにしたりと、パン弁当ならではの楽しさをぜひ味わってみてください！

パン弁当の冷凍・解凍のコツ

● **1つずつ丁寧にラップで包む**
パンを冷凍するときは冷凍焼けや乾燥しないように、1つずつラップで包みましょう。ポイントは空気が入らないようにラップをパンに密着させること。ラップで包んだら、ジッパーつき保存袋に入れることにより乾燥を防ぐことができます。

● **食べるときはレンチンか自然解凍で**
パンはラップをしたまま1切れにつき電子レンジで1分30秒を目安に加熱するか、凍ったまま持っていけば、お昼には自然解凍されてちょうどよいやわらかさに。ペーパータオルで水けを軽くおさえるとおいしく食べられます。しかし、夏場は傷みやすいので卵やキャベツのサンドイッチは避けましょう。

● **食べやすくカットしてから冷凍**
サンドイッチは、あらかじめ食べやすいサイズにカットしておくことで、解凍したあとにすぐに食べることができるので便利です。カットしたあとはサンドイッチの形が崩れないように、ラップで全体をしっかり固定してから冷凍しましょう。

● **トースターでさらにおいしく！**
解凍したパンはそのままでもおいしいですが、食べる前にトースターで軽く焼くことで、表面がカリッと仕上がり、香ばしさがアップします。具材の風味も引き立ち、焼きたてのような食感に戻るので、時間があるときにはぜひ試してみてください。

パン弁当①

ピクニック気分弁当

ピクニックでテンションが上がるような組み合わせ！
彩りのかわいいハム＆チーズ×スクランブルエッグのサンドイッチに、
揚げずに焼いて作ったナゲットを合わせてお楽しみください。

マフィンスクランブルエッグ
サンドイッチ（P134）

チキンナゲット（P136）

ダブルハム＆チーズ
サンドイッチ（P132）

パン弁当②
ガッツリ弁当

たくさん食べたいときにはこの組み合わせがおすすめ！
コロッケを丸々挟んだサンドイッチとコク深いチキンマスタードの
サンドイッチに、こってりおかずでボリューム大のお弁当です。

ジャーマンポテト（P136）
コロッケサンドイッチ（P133）
チキンマスタードサンドイッチ（P132）
ちくわのピカタ（P137）

ほうれん草とコーンの
バター炒め（P137）

ツナ＆キャロットラペ
サンドイッチ（P133）

かぼちゃサラダサンドイッチ（P132）

パン弁当③

野菜たっぷり弁当

不足しがちな緑黄色野菜モリモリの組み合わせ！
かぼちゃのやさしい甘みに、キャロットラペの酸味と歯応えが嬉しい。
バター、ツナの塩けとコクで食べ応えは十分。

キッシュ風オムレツ(P137)

卵サンドイッチ(P133)

ベーコン卵トースト(P135)

パン弁当④
卵気分弁当

卵好き必見！　贅沢にたっぷり使った卵料理のお弁当。
濃厚なサンドイッチと、ベーコンの塩けが引き立つトーストに
ほうれん草と玉ねぎの甘みたっぷりのキッシュを合わせて！

パン弁当⑤

デザート弁当

フレンチトースト（P135）

さつまいも＆あんこ
サンドイッチ（P134）

バターとメープルシロップがしみしみのフレンチトーストと、さつまいもとあんこの
ほっこりした甘みを一緒に楽しんで。疲れたときや、甘いものでおなかを満たしたいときに！

| パンアラカルト | 冷蔵 2日 | 冷凍 10日 |

食べるときは、凍ったまま持って行き、自然解凍、または1切れにつき電子レンジで1分30秒加熱してください。

しましまの見た目も可愛い
ダブルハム＆チーズサンドイッチ

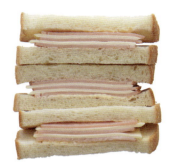

材料（作りやすい分量）
食パン（8枚切り）…2枚
ロースハム…3枚
スライスチーズ…2枚
マヨネーズ…適量

作り方
① 食パン1枚の片面にマヨネーズを塗り、ハム、スライスチーズを交互にのせ、食パン1枚を重ねて挟む。3分ほど置いて3等分に切る。

甘みと塩けがちょうどよい
かぼちゃサラダサンドイッチ

材料（作りやすい分量）
食パン（8枚切り）…2枚
かぼちゃ（皮つき）…正味100g
マヨネーズ…大さじ1と½
塩・こしょう…各適量

作り方
① かぼちゃは皮つきのまま大き目の角切りにする。耐熱ボウルに入れてふんわりとラップをし、電子レンジで3分加熱する。
② スプーンでつぶし、マヨネーズを加えて和え、塩、こしょうで味を調える。
③ 食パン1枚に②をのせ、食パン1枚を重ねて挟み、3分ほど置いて3等分に切る。

ボリューム満点で大満足の食べ応え！
チキンマスタードサンドイッチ

作り方
① 鶏肉に塩、こしょうをふって耐熱皿にのせる。ふんわりとラップをし、電子レンジで2～2分30秒加熱する。そのまま10分ほど置いて余熱で火を通し、薄切りにする。
② キャベツはざく切りにして耐熱ボウルに入れる。ふんわりとラップをし、電子レンジで3分加熱する。冷めたら水けを絞り、塩、こしょうをふる。
③ 食パン1枚の片面に粒マスタードを塗り、②をのせる。食パンもう1枚の片面にマヨネーズを塗り、①をのせる。2枚の食パンを重ねて挟み、3分ほど置いて3等分に切る。

材料（作りやすい分量）
食パン（8枚切り）…2枚
鶏むね肉…½枚
塩・こしょう…各適量
キャベツ…⅛個
粒マスタード・マヨネーズ…各適量

定番サンドも簡単に作れる！
卵サンドイッチ

材料（作りやすい分量）
食パン（8枚切り）… 2枚
ゆで卵 … 1と½個
マヨネーズ … 大さじ2

作り方
① ゆで卵は粗く刻み、ボウルに入れてマヨネーズを加え、和える。
② 食パン1枚に①をのせ、食パン1枚を重ねて挟み、3分ほど置いて3等分に切る。

市販コロッケを挟むだけ！
コロッケサンドイッチ

材料（作りやすい分量）
食パン（8枚切り）… 2枚
コロッケ（市販）… 1個
とんかつソース … 適量

作り方
① 食パン1枚にとんかつソースを塗る。コロッケをのせ、その上にとんかつソースをかける。食パン1枚を重ねて挟み、3分ほど置いて3等分に切る。

にんじんの歯応えが◎
ツナ&キャロットラペ サンドイッチ

材料（作りやすい分量）
食パン（8枚切り）… 2枚
玉ねぎ … 20g
ツナ缶（油漬け）… ½缶（35g）
マヨネーズ … 大さじ1＋適量
にんじん … ½本
塩 … 適量
Ⓐ 酢 … 大さじ½
　砂糖 … 小さじ½
　塩・こしょう・乾燥パセリ … 各適量

作り方
① 玉ねぎはみじん切りにし、ツナ缶は汁けをよくきり、どちらもボウルに入れてマヨネーズ大さじ1を加えて和える。
② にんじんはせん切りにし、塩をふって揉み込む。水けをよく絞り、ボウルに入れてⒶを加えて和える。
③ 食パン1枚の片面にマヨネーズ適量を塗り、②をのせる。食パンもう1枚の片面に①をのせる。2枚の食パンを重ねて挟み、3分ほど置いて3等分に切る。

| パン | ア | ラ | カ | ル | ト |

食べるときは、凍ったまま持って行き、自然解凍、または1切れにつき電子レンジで1分30秒加熱してください。

マフィンを使ってバーガー風に
マフィンスクランブルエッグサンドイッチ

材料（作りやすい分量）

マフィン … 2個
Ⓐ ┌ 卵 … 2個
　 │ ピザ用チーズ … 15g
　 └ 塩・こしょう … 各適量
トマトケチャップ … 適量
サラダ油 … 大さじ½

作り方

① ボウルにⒶを入れてよく混ぜ合わせる。

② フライパンにサラダ油を強火で熱し、①を入れて大きくかき回してスクランブルエッグを作る。

③ マフィンは横から中心をフォークで割って2枚にする。割いた片方のマフィンの内側にトマトケチャップを塗り、②をのせてもう片方を重ねて挟む。

やさしい甘みでほっこり
さつまいも＆あんこサンドイッチ

材料（作りやすい分量）

食パン（8枚切り）… 2枚
さつまいも … ½本（100g）
つぶあん … ½缶（100g）

作り方

① さつまいもは皮をむいて輪切りにし、水に10分ほどさらす。耐熱ボウルに入れてふんわりとラップをし、電子レンジで5分加熱する。熱いうちにフォークでつぶす。

② 食パン1枚の片面につぶあんを塗り、食パンもう1枚の片面に①をのせる。2枚の食パンを重ねて挟み、3分ほど置いて3等分に切る。

ジャンクな味がたまらない
ベーコン卵トースト

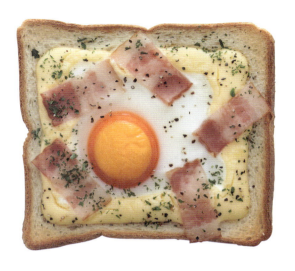

材料（作りやすい分量）

食パン（8枚切り）…1枚
ベーコン（ハーフ）…1枚
卵…1個
マヨネーズ・乾燥パセリ・粗びき黒こしょう
…各適量

作り方

① ベーコンは短冊切りにする。

② 食パンの中央広めの範囲を手で押してへこませ、淵に沿って囲うようにマヨネーズを絞る。マヨネーズの中に収まるように卵1個を割り落とし、①を散らす。

③ オーブントースターに②を入れて卵が半熟状になるように7〜8分焼き、パセリ、粗びき黒こしょうをふる。

休日の朝ごはんにも
フレンチトースト

材料（作りやすい分量）

バゲット（4cm幅）…3切れ
A ┌ 卵…1個
　├ 牛乳…50mℓ
　└ 砂糖…大さじ1
バター…10g
メープルシロップ…適量

作り方

① ボウルにAを入れてよく混ぜ合わせる。

② ①にバゲットを入れて時々ひっくり返しながら全体にしみ込むように20分ほどつける。

③ フライパンにバターを熱し、②を入れて両面を焼き色がつくまで焼く。

※食べるときメープルシロップを一緒に持って行き、かけていただく。

おかずアラカルト

冷蔵 2日　冷凍 10日

食べるときは、電子レンジで1分30秒加熱してください。

玉ねぎとパン粉でジューシー
チキンナゲット

材料（作りやすい分量）

鶏ひき肉 … 200g
玉ねぎ … ½個
A ┌ パン粉 … 大さじ3
　├ マヨネーズ … 大さじ1
　└ 塩・こしょう … 各少々
B ┌ 水 … 大さじ4
　└ 小麦粉 … 大さじ3
サラダ油 … 大さじ2
トマトケチャップ … 適量

作り方

① 玉ねぎはみじん切りにする。

② ボウルにひき肉、①、Aを入れてよく練り混ぜ、小さな楕円形に丸く成形する。

③ 別のボウルにBを入れてよく混ぜ合わせておく。

④ フライパンにサラダ油を熱し、②を③にくぐらせて入れ、両面に焼き色がつくまで焼く。

※食べるときにトマトケチャップを一緒に持って行き、つけながらいただく。

ベーコンとポテトの相性抜群
ジャーマンポテト

材料（作りやすい分量）

じゃがいも … 2個
玉ねぎ … ½個
ベーコン … 1パック
A ┌ オリーブ油 … 大さじ1
　└ すりおろしにんにく … 小さじ½
塩・こしょう … 各適量
乾燥パセリ・粒マスタード … 各適量

作り方

① じゃがいもはくし形切りにし、玉ねぎは薄切りにする。ベーコンは短冊切りにする。

② 耐熱ボウルにじゃがいもを入れてふんわりとラップをし、電子レンジで3分加熱する。一度取り出して混ぜ、さらに2分加熱する。

③ 玉ねぎ、ベーコン、Aを加えて混ぜ、さらに1分加熱し、塩、こしょうで味を調える。小分けカップに盛り、パセリをふって粒マスタードを添える。

ちくわのピカタ
ちくわが一気にメイン級に

材料（作りやすい分量）
- ちくわ … 2本
- 小麦粉 … 大さじ1
- A [卵 … 1個 / 塩・こしょう … 各少々]
- サラダ油 … 大さじ1

作り方
1. ちくわは厚めの斜め切りにし、小麦粉をまぶす。
2. ボウルにAを入れて溶きほぐし、①を加えて絡める。
3. フライパンにサラダ油を熱し、②を入れて両面焼き色がつくまで焼く。

ほうれん草とコーンのバター炒め
彩り＆栄養アップに大活躍！

材料（作りやすい分量）
- ほうれん草 … ½袋（100g）
- ホールコーン … 50g
- A [バター … 8g / 塩・こしょう … 各少々]

作り方
1. ほうれん草は3cm幅のざく切りにする。ホールコーンは汁けをきる。
2. 耐熱ボウルに①を入れて混ぜる。ふんわりとラップをし、電子レンジで2分加熱してAを加え、バターが溶けるまで和える。

キッシュ風オムレツ
チーズと切り方でキッシュ風に

材料（作りやすい分量）
- 卵 … 2個
- 玉ねぎ … ½個
- ほうれん草 … 50g
- A [ピザ用チーズ … 30g / 塩・こしょう … 各少々]
- サラダ油 … 小さじ1＋小さじ1

作り方
1. 玉ねぎは薄切りにし、ほうれん草は3cm幅のざく切りにする。
2. ボウルに卵を溶きほぐし、Aを加える。
3. 小さめのフライパンにサラダ油小さじ1を熱し、①を入れて1分ほど炒めて一度取り出す。
4. 同じフライパンにサラダ油小さじ1を熱し、②を流し入れる。大きくかき混ぜ、③を戻し入れる。半熟状になったらかたまるまで焼き、ひっくり返す。火を止め、冷めたら6等分に切る。

おわりに

最後までお読みいただき、本当にありがとうございます。
この本では、「簡単・時短・節約」をテーマに、52レシピを紹介しました。
真似しやすく、料理が苦手な方や初心者の方でも安心して挑戦できる内容になっています。
「これなら私にもできそう！」と思っていただけたら嬉しいです。

また、5日分まとめて作って冷凍することで、忙しい日々の中で時間やお金に余裕が生まれ、
小さなストレスから解放されます。
レンチンするだけで、おいしいお弁当がすぐに完成する便利さを、実感していただけるはずです。

毎日同じお弁当では飽きてしまう方には、何種類か作りおきをしてその日の気分に合わせて選んだり、
組み合わせを変えたりすることで、バリエーション豊かなランチを楽しめます。

実は、この冷凍弁当は夜ごはんにもぴったりなんです。
疲れて帰ってきた日でも、冷凍庫にお弁当があればレンチンするだけで済むので、とても助かります。
忙しい毎日の中で、ライフスタイルに合わせて自由に活用していただけたら嬉しいです。

YouTubeで大反響をいただいた冷凍弁当の動画には、
「もっと種類が知りたい！」「新しいお弁当動画を出してほしい！」という声をたくさんいただきました。
そのリクエストにお応えして、こうして一冊の本としてお届けできることを、とても嬉しく思います。

また、撮影の際には、前作に引き続き、信頼するスタッフの皆さんと再集結することができました。
最初の撮影から何度も試行錯誤を繰り返し、
アイデアを出し合いながら一つ一つ丁寧に作り上げた時間は、私にとっても大切な思い出です。

そしてこの本を通じて私を知ってくださった方も、
ぜひYouTubeのチャンネルもチェックしてみてください！
今後も、皆さんの役に立つ節約料理のアイデアをどんどん更新していきますので、
本だけでなく、動画でも参考にしていただけると嬉しいです。

最後に、この本を手に取ってくださり、ここまでお読みいただいた皆さんへ、心から感謝しています。
前作から引き続き応援してくださった皆さんのおかげで、
また新しい形でレシピをお届けすることができました。

「未来の自分がよろこぶお弁当」を一緒に作りましょう！
日々のランチタイムが、少しでも楽しく、豊かでおいしいものになりますように。
それでは、今日も明日も、素敵なお弁当時間をお過ごしください。

りんのおうちごはん

さくいん

肉類・肉加工品

■鶏肉
親子丼弁当 ……………………………… 18
鶏の照り焼き弁当 ……………………… 22
ねぎ塩チキン弁当 ……………………… 24
焼き鳥丼弁当 …………………………… 26
鶏肉の粉チーズ焼き弁当 ……………… 28
タンドリーチキン弁当 ………………… 30
のり巻き揚げ＆卵焼き＆いんげんのごま和え弁当 … 32
ヤンニョムチキン＆ナムル弁当 ……… 34
バターチキンカレー弁当 ……………… 36
鶏だしから揚げ＆彩り野菜弁当 ……… 38
チキン南蛮 ……………………………… 102
チキンマスタードサンドイッチ ……… 132

■豚肉
ダブルしょうが焼き ＆ にら卵焼き弁当 …… 40
豚キムチーズ弁当 ……………………… 44
高菜3色弁当 …………………………… 46
台湾風混ぜごはん弁当 ………………… 48
きのこポークストロガノフ＆トマトピラフ弁当 … 50
ペッパーランチ風弁当 ………………… 52
豚キャベ ＆ おかかごはん弁当 ……… 54
豚肉だけ巻き …………………………… 102
焼きそば弁当 …………………………… 118
焼きうどん弁当 ………………………… 122

■ひき肉
オムライス弁当 ………………………… 56
キーマカレー弁当 ……………………… 60
ひき肉と厚揚げのあんかけ弁当 ……… 62
3色そぼろ丼弁当 ……………………… 64
ハンバーグ弁当 ………………………… 66
ひき肉と大豆のトマト煮弁当 ………… 68
ビビンバ弁当 …………………………… 70
豆腐入りつくね＆ほうれん草ごま和え＆卵焼き弁当 … 72
ガパオ風弁当 …………………………… 74
きのこ鶏そぼろあん＆のり卵焼き弁当 … 76
豚団子の甘酢あん ……………………… 102
かぼちゃの鶏そぼろあん ……………… 104
麻婆なす ………………………………… 104
きのこ豆乳クリームパスタ弁当 ……… 106
ペンネのミートボール弁当 …………… 112
担々めん風弁当 ………………………… 120
ドライカレーうどん弁当 ……………… 124
チキンナゲット ………………………… 136

■肉加工品
チキンライスおにぎり ………………… 100
ナポリタン弁当 ………………………… 110
カルボナーラ弁当 ……………………… 114
ミートソースグラタン弁当 …………… 116
ダブルハム＆チーズサンドイッチ …… 132
コロッケサンドイッチ ………………… 133
ベーコン卵トースト …………………… 135
ジャーマンポテト ……………………… 136

魚介類・魚介加工品

■かに風味かまぼこ
かにかま卵焼き ………………………… 103

■削り節
豚キャベ ＆ おかかごはん弁当 ……… 54
のり弁当 ………………………………… 78
焼きおにぎり …………………………… 98
やみつきおにぎり ……………………… 100
焼きうどん弁当 ………………………… 122

■鮭・鮭フレーク
のり弁当 ………………………………… 78
鮭のパン粉マヨネーズ焼き＆きのこマリネ弁当 …… 86
鮭＆枝豆おにぎり ……………………… 98
鮭 ＆ 卵おにぎり ……………………… 101

■塩さば・さば缶
塩さばのごまダレ＆卵焼き弁当 ……… 82
さばのパエリア風弁当 ………………… 88

■ちくわ
のり弁当 ………………………………… 78
ちくわとピーマンのきんぴら ………… 105
ちくわのピカタ ………………………… 137

■ツナ缶
ツナマヨ＆粗びき黒こしょうおにぎり … 99
やみつきおにぎり ……………………… 100
ツナ＆キャロットラペサンドイッチ … 133

■むきえび
えびチリ弁当 …………………………… 84
ガーリックシュリンプ弁当 …………… 90

海藻類

■塩昆布
やみつきおにぎり ……………………… 100